AF607353

Todos los libros de Linkgua Ediciones cuentan con modelos de Inteligencia Artificial entrenados por hispanistas. Pregúntale al chat de tu libro lo que desees acerca de la obra o su autor/a.

Para ebooks: Accede a nuestro modelo de IA a través de un enlace.

Para libros impresos: Escanea el código QR de la portada con tu dispositivo móvil.

Obtén análisis detallados de nuestros libros, resúmenes, respuestas a tus preguntas y accede a nuestras ediciones críticas generativas para una experiencia de lectura más enriquecedora.
La transparencia y el respeto hacia la autoría de las fuentes utilizadas son distintivos básicos de nuestro proyecto. Por ello, las respuestas ofrecen, mediante un sistema de citas, las fuentes con las que han sido elaboradas.

Ramon del Valle-Inclán

Sonata de primavera

Barcelona 2025
Linkgua-ediciones.com

Créditos

Título original: Sonata de primavera.

e-mail: info@Linkgua-ediciones.com

Diseño de cubierta: Michel Mallard

ISBN rústica: 978-84-9816-876-1.
ISBN tapa dura: 978-84-1076-054-7
ISBN ebook: 978-84-9953-455-8.

Sumario

Brevísima presentación

La vida

Ramón María del Valle-Inclán (1866-1936). España.

Formó parte del Modernismo y estuvo cercano a la Generación del 98. Era hijo del escritor liberal Ramón del Valle-Inclán Bermúdez de Castro. Estudió en el Instituto de Pontevedra hasta 1885, y después estudió Derecho en la Universidad de Santiago de Compostela y en 1888 se matriculó en la Escuela de Artes y Oficios.

En 1890, tras la muerte de su padre, abandonó la universidad, se fue a Madrid y colaboró en periódicos como *El Globo*.

En 1892, Valle-Inclán viajó a México. Allí escribió en los diarios *El Veracruzano Libre*, y *El Universal*. De regreso a España en 1893, vivió en Pontevedra.

Hacia 1896 volvió a Madrid y acudió a varias tertulias, en las que conoció a Gómez Carrillo, Pío y Ricardo Baroja, Azorín, Benavente, González Blanco, Villaespesa, Mariano Miguel de Val etc.

Sus *Sonatas* se publicaron a partir de 1902 (*Sonata de otoño*), 1903 (*Sonata de estío*), 1904 (*Sonata de primavera*) y 1905 (*Sonata de invierno*). Y en 1905 publicó una colección de cuentos con el título de *Jardín novelesco; Historias de almas en pena, de duendes y de ladrones*.

Desde 1924 Valle-Inclán se opuso a la dictadura de Primo de Rivera y en 1927 participó en la fundación de la Alianza Republicana.

En 1932, el gobierno de la República le nombró conservador del Patrimonio Artístico Nacional y director del Museo de Aranjuez.

En marzo de 1935 Valle-Inclán se marchó a Santiago de Compostela donde murió de cáncer el 5 de enero de 1936.

> Los ojos y los oídos se juntan en un mismo goce, y el camino craso de los números musicales se sutiliza en el éter de la luz.

Sin duda para Valle-Inclán las cosas más bellas creadas por los hombres son para los ojos y los oídos, incluso el alma que expresan las letras pertenece a la música. *Sonatas*, es el esfuerzo de Valle-Inclán por conseguir una prosa rítmica, la voluntad de que su prosa se acerque lo más posible a la música. La elección de cada palabra no se reduce solo a la carga intelectual o sentimental, sino a las asociaciones sonoras que suscita esa palabra en el texto y la relación que establece con el resto.

Las *Sonatas* representan la cima del arte de Valle-Inclán en su etapa modernista. Son cuatro novelas cortas pero con relaciones internas que las hace una obra unitaria: *Sonata de otoño*, 1902, *Sonata de estío*, 1903, *Sonata de primavera*, 1904 y *Sonata de invierno*, 1905.

Las *Sonatas* cuentan las memorias ficticias del Marqués de Bradomín, un alter ego del propio Valle-Inclán que se define con aquellos famosos epítetos de «feo, católico y sentimental».

En cada una de las sonatas el marqués va rememorando con nostalgia distintas etapas de su vida, que discurren a su vez en lugares y un ambiente social que el escritor demuestra conocer muy bien.

En *Sonata de primavera* nos presenta a un joven protagonista, que sirve como mensajero del Vaticano y que es enviado al Palacio Gaetani, donde intentará conquistar a la hija mayor de la princesa, María del Rosario, que está a punto de tomar los hábitos. Ella lo toma por el diablo y huye de él.

El amor, el satanismo, la fe y la muerte son los principales temas que Valle Inclán ha abordado en este libro.

Sonata de primavera

Anochecía cuando la silla de posta traspuso la Puerta Salaria y comenzamos a cruzar la campiña llena de misterio y de rumores lejanos. Era la campiña clásica de las vides y de los olivos, con sus acueductos ruinosos, y sus colinas que tienen la graciosa ondulación de los senos femeninos. La silla de posta caminaba por una vieja calzada: Las mulas del tiro sacudían pesadamente las colleras, y el golpe alegre y desigual de los cascabeles despertaba un eco en los floridos olivares. Antiguos sepulcros orillaban el camino y mustios cipreses dejaban caer sobre ellos su sombra venerable. La silla de posta seguía siempre la vieja calzada, y mis ojos fatigados de mirar en la noche, se cerraban con sueño. Al fin quedéme dormido, y no desperté hasta cerca del amanecer, cuando la Luna, ya muy pálida, se desvanecía en el cielo. Poco después, todavía entumecido por la quietud y el frío de la noche, comencé a oír el canto de madrugueros gallos, y el murmullo bullente de un arroyo que parecía despertarse con el Sol. A lo lejos, almenados muros se destacaban negros y sombríos sobre celajes de frío azul. Era la vieja, la noble, la piadosa ciudad de Ligura.

Entramos por la Puerta Lorenciana. La silla de posta caminaba lentamente, y el cascabeleo de las mulas hallaba un eco burlón, casi sacrílego, en las calles desiertas donde crecía la yerba. Tres viejas, que parecían tres sombras esperaban acurrucadas a la puerta de una iglesia todavía cerrada, pero otras campanas distantes ya tocaban a la misa de alba. La silla de posta seguía una calle de huertos, de caserones y de conventos, una calle antigua, enlosada y resonante. Bajo los aleros sombríos revoloteaban los gorriones, y en el fondo de la calle el farol de una hornacina agonizaba. El tardo paso de las mulas me dejó vislumbrar una Madona: Sostenía al Niño en el regazo, y el Niño, riente y desnudo, tendía los brazos para alcanzar un pez que los dedos virginales de la madre le mostraban en alto, como en un juego cándido y celeste. La silla de posta se detuvo. Estábamos a las puertas del Colegio Clementino.

Ocurría esto en los felices tiempos del Papa-Rey, y el Colegio Clementino conservaba todas sus premáticas, sus fueros y sus rentas. Todavía era retiro de ilustres varones, todavía se le llamaba noble archivo de las ciencias. El rectorado ejercíalo desde hacía muchos años un ilustre prelado: Monseñor Estefano Gaetani, obispo de Betulia, de la familia de los Príncipes Gaetani. Para aquel varón, lleno de evangélicas virtudes y de ciencia teológica, llevaba yo el capelo cardenalicio. Su Santidad había querido honrar mis juveniles años, eligiéndome entre sus guardias nobles, para tan alta misión. Yo soy Bibiena di Rienzo, por la línea de mi abuela paterna. Julia Aldegrina, hija del Príncipe Máximo de Bibiena que murió en 1770, envenenado por la famosa comedianta Simoneta la Cortticelli, que tiene un largo capítulo en las *Memorias* del Caballero de Seingalt.

Dos bedeles con sotana y birreta paseábanse en el claustro. Eran viejos y ceremoniosos. Al verme entrar corrieron a mi encuentro:

—¡Una gran desgracia, Excelencia! ¡Una gran desgracia!

Me detuve, mirándoles alternativamente:

—¿Qué ocurre?

Los dos bedeles suspiraron. Uno de ellos comenzó:

—Nuestro sabio rector...

Y el otro, lloroso y doctoral, rectificó:

—¡Nuestro amantísimo padre, Excelencia...! Nuestro amantísimo padre, nuestro maestro, nuestro guía, está en trance de muerte. Ayer sufrió un accidente hallándose en casa de su hermana...

Y aquí el otro bedel, que callaba enjugándose los ojos, ratificó a su vez:

—La Señora Princesa Gaetani, una dama española que estuvo casada con el hermano mayor de Su Ilustrísima: El Príncipe Filipo Gaetani. Aún no hace el año que falleció en una cacería. ¡Otra gran desgracia, Excelencia...!

Yo interrumpí un poco impaciente:

—¿Monseñor ha sido trasladado al Colegio?

—No lo ha consentido la Señora Princesa. Ya os digo que está en trance de muerte.

Inclinéme con solemne pesadumbre.

—¡Acatemos la voluntad de Dios!

Los dos bedeles se santiguaron devotamente. Allá en el fondo del claustro resonaba un campanilleo argentino, grave, litúrgico.

Era el viático para Monseñor, y los bedeles se quitaron las birretas. Poco después, bajo los arcos, comenzaron a desfilar los colegiales: Humanistas y teólogos, doctores y bachilleres formaban larga procesión. Salían por un arco divididos en dos hileras, y rezaban con sordo rumor. Sus manos cruzadas sobre el pecho, oprimían las birretas, mientras las flotantes becas barrían las losas. Yo hinqué una rodilla en tierra y los miré pasar. Bachilleres y doctores también me miraban. Mi manto de guardia noble pregonaba quién era yo, y ellos lo comentaban en voz baja. Cuando pasaron todos, me levanté y seguí detrás. La campanilla del viático ya resonaba en el confín de la calle. De tiempo en tiempo algún viejo devoto salía de su casa con un farol encendido, y haciendo la señal de la cruz se incorporaba al cortejo. Nos detuvimos en una plaza solitaria, frente a un palacio que tenía todas las ventanas iluminadas. Lentamente el cortejo penetró en el ancho zaguán. Bajo la bóveda, el rumor de los rezos se hizo más grave, y el argentino son de la campanilla revoloteaba glorioso sobre las voces apagadas y contritas.

Subimos la señorial escalera. Hallábanse francas todas las puertas, y viejos criados con hachas de cera nos guiaron a través de los salones desiertos. La cámara donde agonizaba Monseñor Estefano Gaetani estaba sumida en religiosa oscuridad. El noble prelado yacía sobre un lecho antiguo con dosel de seda. Tenía cerrados los ojos: Su cabeza desaparecía en el hoyo de las almohadas, y su corvo perfil de patricio romano destacábase en la penumbra inmóvil, blanco, sepulcral, como el perfil de las estatuas yacentes. En el fondo de la estancia, donde había un altar, rezaban arrodilladas la Princesa y sus cinco hijas.

La Princesa Gaetani era una dama todavía hermosa, blanca y rubia: Tenía la boca muy roja, las manos como de nieve, dorados los ojos y dorado el cabello. Al verme clavó en mí una larga mirada y sonrió con amable tristeza. Yo me incliné y volví a contemplarla. Aquella Princesa Gaetani me recordaba el retrato de María de Médicis, pintada cuando sus bodas con el Rey de Francia, por Pedro Pablo Rubens.

Monseñor apenas pudo entreabrir los ojos y alzarse sobre las almohadas, cuando el sacerdote que llevaba el viático se acercó a su lecho: Recibida la comunión, su cabeza volvió a caer desfallecida, mientras sus labios balbuceaban una oración latina, fervorosos y torpes. El cortejo comenzó a retirarse en silencio:

Yo también salí de la alcoba. Al cruzar la antecámara, acercóse a mí un familiar de Monseñor:

—¿Vos, sin duda, sois el enviado de Su Santidad...?

—Así es: Soy el Marqués de Bradomín.

—La Princesa acaba de decírmelo...

—¿La Princesa me conoce?

—Ha conocido a vuestros padres.

—¿Cuándo podré ofrecerle mis respetos?

—La Princesa desea hablaros ahora mismo. Nos apartamos para seguir la plática en el hueco de una ventana. Cuando desfilaron los últimos colegiales y quedó desierta la antecámara, miré instintivamente hacia la puerta de la alcoba, y vi a la Princesa que salía rodeada de sus hijas, enjugándose los ojos con un pañuelo de encajes. Me acerqué y le besé la mano. Ella murmuró débilmente:

—¡En qué triste ocasión vuelvo a verte, hijo mío!

La voz de la Princesa Gaetani despertaba en mi alma un mundo de recuerdos lejanos que tenían esa vaguedad risueña y feliz de los recuerdos infantiles. La Princesa continuó:

—¿Qué sabes de tu madre? De niño te parecías mucho a ella, ahora no... ¡Cuántas veces te tuve en mi regazo! ¿No te acuerdas de mí?

Yo murmuré indeciso.

—Me acuerdo de la voz...

Y callé evocando el pasado. La Princesa Gaetani me contemplaba sonriendo, y de pronto, en el dorado misterio de sus ojos, yo adiviné quién era. A mi vez sonreí. Ella entonces me dijo:

—¿Ya te acuerdas?

—Sí...

—¿Quién soy?

Volví a besar su mano, y luego respondí:

—La hija del Marqués de Agar...

Sonrió tristemente recordando su juventud, y me presentó a sus hijas:

—María del Rosario, María del Carmen, María del Pilar, María de la Soledad, María de las Nieves... Las cinco son Marías.

Con una sola y profunda reverencia las saludé a todas. La mayor, María del Rosario, era una mujer de veinte años, y la más pequeña, María de las Nieves, una niña de cinco. Todas me parecieron bellas y gentiles. María del Rosario era pálida, con los ojos negros, llenos de luz ardiente y lánguida. Las otras, en todo semejantes a su madre, tenían dorados los ojos y el cabello. La Princesa tomó asiento en un ancho sofá de damasco carmesí, y empezó a hablarme en voz baja. Sus hijas se retiraron en silencio, despidiéndose de mí con una sonrisa, que era a la vez tímida y amable. María del Rosario salió la última. Creo que además de sus labios me sonrieron sus ojos, pero han pasado tantos años, que no puedo asegurarlo. Lo que recuerdo todavía es que viéndola alejarse, sentí que una nube de vaga tristeza me cubría el alma. La Princesa se quedó un momento con la mirada fija en la puerta por donde habían desaparecido sus hijas, y luego, con aquella suavidad de dama amable y devota, me dijo:

—¡Ya las conoces!

Yo me incliné:

—¡Son tan bellas como su madre!

—Son muy buenas y eso vale más.

Yo guardé silencio, porque siempre he creído que la bondad de las mujeres es todavía más efímera que su hermosura. Aquella pobre señora creía lo contrario, y continuó:

—María Rosario entrará en un convento dentro de pocos días. ¡Dios la haga llegar a ser otra Beata Francisca Gaetani!

Yo murmuré con solemnidad:

—¡Es una separación tan cruel como la muerte!

La Princesa me interrumpió vivamente:

—Sin duda que es un dolor muy grande, pero también es un consuelo saber que las tentaciones y los riesgos del mundo no existen para ese ser querido. Si todas mis hijas entrasen en un convento, yo las seguiría feliz... ¡Desgraciadamente no son todas como María Rosario!

Calló, suspirando con la mirada abstraída, y en el fondo dorado de sus ojos yo creí ver la llama de un fanatismo trágico y sombrío. En aquel momento, uno de los familiares que velaban a Monseñor Gaetani, asomóse a la puerta de la alcoba, y allí estuvo sin hacer ruido, dudoso de turbar nuestro silencio, hasta que la Princesa se dignó interrogarle, suspirando entre desdeñosa y afable:

—¿Qué ocurre, Don Antonino?

Don Antonino juntó las manos con falsa beatitud, y entornó los ojos:

—Ocurre, Excelencia, que Monseñor desea hablar al enviado de Su Santidad.

—¿Sabe que está aquí?

—Lo sabe, sí, Excelencia. Le ha visto cuando recibió la Santa Unción. Aun cuando pudiera parecer lo contrario, Monseñor no ha perdido el conocimiento un solo instante.

A todo esto yo me había puesto en pie. La Princesa me alargó su mano, que todavía en aquel trance supe besar con más galantería que respeto, y entré en la cámara donde agonizaba Monseñor.

El noble prelado fijó en mí los ojos vidriosos, moribundos, y quiso bendecirme, pero su mano cayó desfallecida a lo largo del cuerpo, al mismo tiempo que una lágrima le resbalaba lenta y angustiosa por la mejilla. En el silencio de la cámara, solo el resuello de su respiración se escuchaba. Al cabo de un momento pudo decir con afanoso balbuceo:

—Señor Capitán, quiero que llevéis el testimonio de mi gratitud al Santo Padre...

Calló y estuvo largo espacio con los ojos cerrados. Sus labios, secos y azulencos, parecían agitados por el temblor de un rezo.

Al abrir de nuevo los ojos, continuó:

—Mis horas están contadas. Los honores, las grandezas, las jerarquías, todo cuanto ambicioné durante mi vida, en este momento se esparce como vana ceniza ante mis ojos de moribundo. Dios Nuestro Señor no me abandona, y me muestra la aspereza y desnudez de todas las cosas... Me cercan las sombras de la Eternidad, pero mi alma se ilumina interiormente con las claridades divinas de la Gracia...

Otra vez tuvo que interrumpirse, y falto de fuerzas cerró los ojos. Uno de los familiares acercóse y le enjugó la frente sudorosa con un pañuelo de fina batista. Después, dirigiéndose a mí, murmuró en voz baja:

—Señor Capitán, procurad que no hable.

Yo asentí con un gesto. Monseñor abrió los ojos, y nos miró a los dos. Un murmullo apagado salió de sus labios: Me incliné para oírle, pero no pude entender lo que decía. El familiar me apartó suavemente, y doblándose a su vez sobre el pecho del moribundo, pronunció con amable imperio:

—¡Ahora es preciso que descanse Su Excelencia! No habléis...

El prelado hizo un gesto doloroso. El familiar volvió a pasarle el pañuelo por la frente, y al mismo tiempo sus ojos sagaces de clérigo italiano me indicaban que no debía continuar allí. Como ello era también mi deseo, le hice una cortesía y me alejé. El familiar ocupó un sillón que había cercano a la cabecera, y recogiendo suavemente los hábitos se dispuso a meditar, o acaso a dormir, pero en aquel momento advirtió Monseñor que yo me retiraba, y alzándose con supremo esfuerzo, me llamó:

—¡No te vayas, hijo mío! Quiero que lleves mi confesión al Santo Padre.

Esperó a que nuevamente me acercase, y con los ojos fijos en el cándido altar que había en un extremo de la cámara, comenzó:

—¡Dios mío, que me sirva de penitencia el dolor de mi culpa y la vergüenza que me causa confesarla!

Los ojos del prelado estaban llenos de lágrimas.

Era afanosa y ronca su voz. Los familiares se congregaban en torno al lecho. Sus frentes inclinábanse al suelo: Todos aparentaban una gran pesadumbre, y parecían de antemano edificados por aquella confesión que intentaba hacer ante ellos el moribundo obispo de Betulia. Yo me arrodillé. El prelado rezaba en silencio, con los ojos puestos en el crucifijo que había en el altar. Por sus mejillas descarnadas las lágrimas corrían hilo a hilo. Al cabo de un momento comenzó:

—Nació mi culpa cuando recibí las primeras cartas donde mi amigo, Monseñor Ferrati, me anunciaba el designio que de otorgarme el capelo tenía Su Santidad. ¡Cuán flaca es nuestra humana naturaleza, y cuán frágil el barro de que somos hechos! Creí que mi estirpe de Príncipe valía más que la ciencia y la virtud de otros varones: Nació en mi alma el orgullo, el más fatal de los consejeros humanos, y pensé que algún día seríame dado regir a la Cristiandad. Pontífices y Santos hubo en mi casa, y juzgué que podía ser como ellos. ¡De esta suerte nos ciega Satanás! Sentíame viejo y esperé que la muerte allanase mi camino. Dios nuestro Señor no quiso que llegase a vestir la sagrada púrpura, y, sin embargo, cuando llegaron inciertas y alarmantes noticias, yo temí que hiciese naufragar mis esperanzas la muerte que todos temían de Su Santidad... ¡Dios mío, he profanado tu altar rogándote que reservases aquella vida preciosa porque, segada en más lejanos días, pudiera serme propicia su muerte! ¡Dios mío, cegado por el Demonio, hasta hoy no he tenido conciencia de mi culpa! ¡Señor, tú que lees en el fondo de las almas, tú que conoces mi pecado y mi arrepentimiento, devuélveme tu Gracia!

Calló, y un largo estremecimiento de agonía recorrió su cuerpo. Había hablado con apagada voz, impregnada de apacible y sereno desconsuelo. La huella de sus ojeras se difundió por la mejilla, y sus ojos cada vez más hundidos en las cuencas, se nublaron con una sombra de muerte. Luego quedó estirado, rígido, indiferente, la cabeza torcida, entreabierta la boca por la respiración, el pecho agitado. Todos permanecimos de rodillas, irresolutos, sin osar llamarle ni movernos por no turbar aquel reposo que nos causaba horror. Allá abajo exhalaba su perpetuo sollozo la fuente que había en medio de la plaza, y se oían las voces de unas niñas que jugaban a la rueda: Cantaban una antigua letra de cadencia lánguida y nostálgica. Un rayo de Sol abrileño y matinal brillaba en los vasos sagrados del altar, y los familiares rezaban en voz baja, edificados por aquellos devotos escrúpulos que torturaban el alma cándida del prelado... Yo, pecador de mí, empezaba a dormirme, que había corrido toda la noche en silla de posta, y cansa cuando es larga una jornada.

Al salir de la cámara donde agonizaba Monseñor Gaetani, halléme con un viejo y ceremonioso mayordomo que me esperaba en la puerta.

—Excelencia, mi Señora la Princesa me envía para que os muestre vuestras habitaciones.

Yo apenas pude reprimir un estremecimiento. En aquel instante, no sé decir qué vago aroma primaveral traía a mi alma el recuerdo de las cinco hijas de la Princesa. Mucho me alegraba la idea de vivir en el Palacio Gaetani, y, sin embargo, tuve valor para negarme:

—Decid a vuestra Señora la Princesa Gaetani toda mi gratitud, y que me hospedo en el Colegio Clementino.

El mayordomo pareció consternado:

—Excelencia, creedme que la causáis una gran contrariedad. En fin, si os negáis, tengo orden de llevarle recado. Os dignaréis esperar algunos momentos. Está terminando de oír misa.

Yo hice un gesto de resignación:

—No le digáis nada. Dios me perdonará si prefiero este palacio, con sus cinco doncellas encantadas, a los graves teólogos del Colegio Clementino.

El mayordomo me miró con asombro, como si dudase de mi juicio. Después mostró deseos de hablarme, pero tras algunas vacilaciones, terminó indicándome el camino, acompañando la acción tan solo con una sonrisa. Yo le seguí. Era un viejo rasurado, vestido con largo levitón eclesiástico que casi le rozaba los zapatos ornados con hebillas de plata. Se llamaba Polonio, andaba en la punta de los pies, sin hacer ruido, y a cada momento se volvía para hablarme en voz baja y llena de misterio:

—Pocas esperanzas hay de que Monseñor reserve la vida...

Y después de algunos pasos:

—Yo tengo ofrecida una novena a la Santa Madona.

Y un poco más allá, mientras levantaba una cortina:

—No estaba obligado a menos. Monseñor me había prometido llevarme a Roma.

Y volvió a continuar la marcha:

—¡No lo quiso Dios...! ¡No lo quiso Dios...!

De esta suerte atravesamos la antecámara, un salón casi oscuro y una biblioteca desierta. Allí el mayordomo se detuvo palpándose las faltriqueras de su calzón, ante una puerta cerrada:

—¡Válgame Dios...! He perdido mis llaves...

Todavía continuó registrándose. Al cabo dio con ellas, abrió y apartóse dejándome paso:

—La Señora Princesa desea que dispongáis del salón, de la biblioteca y de esta cámara.

Yo entré. Aquella estancia me pareció en todo semejante a la cámara en que agonizaba Monseñor Gaetani. También era honda y silenciosa, con antiguos cortinajes de damasco carmesí. Arrojé sobre un sillón mi manto de guardia noble, y me volví mirando los cuadros que colgaban de los muros. Eran antiguos lienzos de la escuela florentina, que representaban escenas bíblicas —Moisés salvado de las aguas, Susana y los ancianos, Judith con la cabeza de Holofernes—. Para que pudiese verlos mejor, el mayordomo corrió de un lado al otro levantando todos los cortinajes de las ventanas. Después me dejó contemplarlos en silencio: Andaba detrás de mí como una sombra, sin dejar caer de los labios la sonrisa, una vaga sonrisa doctoral. Cuando juzgó que los había mirado a todo sabor y talante, acercóse en la punta de los pies y dejó oír su voz cascada, más amable y misteriosa que nunca:

—¿Qué os parece? Son todos de la misma mano... ¡Y qué mano...!

Yo le interrumpí:

—¿Sin duda, Andrea del Sarto?

El Señor Polonio adquirió un continente grave, casi solemne:

—Atribuidos a Rafael.

Me volví a dirigirles una nueva ojeada, y el Señor Polonio continuó:

—Reparad que tan solo digo atribuidos. En mi humilde parecer valen más que si fuesen de Rafael... ¡Yo los creo del Divino!

—¿Quién es el Divino?

El mayordomo abrió los brazos definitivamente consternado:

—¿Y vos me lo preguntáis, Excelencia? ¡Quién puede ser sino Leonardo de Vinci...!

Y guardó silencio, contemplándome con verdadera lástima. Yo apenas disimulé una sonrisa burlona: El Señor Polonio aparentó no verla, y, sagaz como un cardenal romano, comenzó a adularme:

—Hasta hoy no había dudado... Ahora os confieso que dudo. Excelencia, acaso tengáis razón. Andrea del Sarto pintó mucho en el taller de Leonardo, y sus cuadros de esa época se parecen tanto, que más de una vez han sido confundidos... En el mismo Vaticano hay un ejemplo: *La Madona de la Rosa*. Unos la juzgan del Vinci y otro del Sarto. Yo la creo del marido de Doña Lucrecia del Fede, pero tocada por el Divino. Ya sabéis que era cosa frecuente entre maestros y discípulos.

Yo le escuchaba con un gesto de fatiga. El Señor Polonio, al terminar su oración, me hizo una profunda reverencia, y corrió con los brazos en alto, de una en otra ventana, soltando los cortinajes. La cámara quedó en una media luz propicia para el sueño. El Señor Polonio se despidió en voz baja, como si estuviese en una capilla, y salió sin ruido, cerrando tras sí la puerta... Era tanta mi fatiga, que dormí hasta la caída de la tarde. Me desperté soñando con María Rosario.

La biblioteca tenía tres puertas que daban sobre una terraza de mármol. En el jardín las fuentes repetían el comentario voluptuoso que parecen hacer a todo pensamiento de amor, sus voces eternas y juveniles. Al inclinarme sobre la balaustrada, yo sentí que el hálito de la Primavera me subía al rostro. Aquel viejo jardín de mirtos y de laureles mostrábase bajo el Sol poniente lleno de gracia gentílica. En el fondo, caminando por los tortuosos senderos de un laberinto, las cinco hermanas se aparecían con las faldas llenas de rosas, como en una fábula antigua. A lo lejos, surcado por numerosas velas latinas que parecían de ámbar, extendíase el Mar Tirreno. Sobre la playa de dorada arena morían mansas las olas, y el son de los caracoles con que anunciaban los pescadores su arribada a la playa, y el ronco canto del mar, parecían acordarse con la fragancia de aquel jardín antiguo donde las cinco hermanas se contaban sus sueños juveniles, a la sombra de los rosáceos laureles.

Se habían sentado en un gran banco de piedra a componer sus ramos. Sobre el hombro de María Rosario estaba posada una paloma, y en aquel cándido suceso yo hallé la gracia y el misterio de una alegoría. Tocaban a fiesta unas campanas de aldea, y la iglesia se perfilaba a lo lejos en lo alto de una colina verde, rodeada de cipreses. Salía la procesión, que anduvo alrededor de la iglesia, y distinguíanse las imágenes en sus andas, con los mantos bordados que brillaban al Sol, y los rojos pendones parroquiales que iban delante, flameando victoriosos como triunfos litúrgicos. Las cinco hermanas se arrodillaron sobre la yerba, y juntaron las manos llenas de rosas.

Los mirlos cantaban en las ramas, y sus cantos se respondían encadenándose en un ritmo remoto como las olas del mar. Las cinco hermanas habían vuelto a sentarse: Tejían sus ramos en silencio, y entre la púrpura de las rosas revoloteaban como albas palomas sus manos, y los rayos del Sol que pasaban a través del follaje, temblaban en ellas como místicos haces encendidos. Los tritones y las sirenas de las fuentes borboteaban su risa quimérica, y las aguas de plata corrían con juvenil murmullo por las barbas limosas de los viejos monstruos marinos que se inclinaban para besar a las sirenas, presas en sus brazos. Las cinco hermanas se levantaron para volver al Palacio. Caminaban lentamente por los senderos del laberinto, como princesas encantadas que acarician un mismo ensueño. Cuando hablaban, el rumor de sus voces se perdía en los rumores de la tarde, y solo la onda primaveral de sus risas se levantaba armónica bajo la sombra de los clásicos laureles.

Cuando penetré en el salón de la Princesa, ya estaban las luces encendidas. En medio del silencio resonaba llena de gravedad la voz de un Colegial Mayor, que conversaba con las señoras que componían la tertulia de la Princesa Gaetani. El salón era dorado y de un gusto francés, femenino y lujoso. Amorcillos con guirnaldas, ninfas vestidas de encajes, galantes cazadores y venados de enramada cornamenta poblaban la tapicería del muro, y sobre las consolas, en graciosos grupos de porcelana, duques pastores ceñían el florido talle de marquesas aldeanas.

Yo me detuve un momento en la puerta. Al verme las damas que ocupaban el estrado suspiraron, y el Colegial Mayor se puso en pie:

—Permítame el Señor Capitán que le salude en nombre de todo el Colegio Clementino.

Y me alargó su mano carnosa y blanca, que parecía reclamar la pastoral amatista. Por privilegio pontificio vestía beca de terciopelo, que realzaba su figura prócer y llena de majestad. Era un hombre joven, pero con los cabellos blancos. Tenía los ojos llenos de fuego, la nariz aguileña y la boca de estatua, firme y bien dibujada. La Princesa me lo presentó con un gesto lleno de languidez sentimental:

—Monseñor Antonelli. ¡Un sabio y un santo! —yo me incliné:

—Sé, Princesa, que los cardenales romanos le consultan las más arduas cuestiones teológicas, y la fama de sus virtudes a todas partes llega...

El Colegial interrumpió con su grave voz, reposada y amable:

—No soy más que un filósofo, entendiendo la filosofía como la entendían los antiguos: Amor a la sabiduría.

Después, volviendo a sentarse, continuó:

—¿Habéis visto a Monseñor Gaetani? ¡Qué desgracia! ¡Tan grande como impensada!

Todos guardamos un silencio triste. Dos señoras ancianas, las dos vestidas de seda con noble severidad, interrogaban a un mismo tiempo y con la misma voz:

—¿No hay esperanzas?

La Princesa suspiró:

—No las hay... Solamente un milagro.

De nuevo volvió el silencio. En el otro extremo del salón las hijas de la Princesa bordaban un paño de tisú, las cinco sentadas en rueda. Hablaban en voz baja las unas con las otras, y sonreían con las cabezas inclinadas: Solo María Rosario permanecía silenciosa, y bordaba lentamente como si soñase. Temblaba en las agujas el hilo de oro, y bajo los dedos de las cinco doncellas nacían las rosas y los lirios de la flora celeste que puebla los paños sagrados. De improviso, en medio de aquella paz, resonaron tres aldabadas. La Princesa palideció mortalmente: Los demás no hicieron sino mirarse. El Colegial Mayor se puso en pie:

—Permitirán que me retire. No creí que fuese tan tarde... ¿Cómo han cerrado ya las puertas?

La Princesa repuso temblando:

—No las han cerrado.

Y las dos ancianas vestidas de seda negra susurraron:

—¡Algún insolente!

Cambiaron entre ellas una mirada tímida, como para infundirse ánimo, y quedaron atentas, con un ligero temblor. Las aldabadas volvían a sonar, pero esta vez era dentro del Palacio Gaetani. Una ráfaga pasó por el salón y apagó algunas luces. La Princesa lanzó un grito. Todos la rodeamos. Ella nos miraba con los labios trémulos y los ojos asustados. Insinuó una voz:

—Cuando murió el Príncipe Filipo, ocurrió esto... ¡Y él lo contaba de su padre!

En aquel momento el Señor Polonio apareció en la puerta del salón, y en ella se detuvo. La Princesa incorporóse en el sofá, y se enjugó los ojos: Después, con noble entereza, le interrogó:

—¿Ha muerto?

El mayordomo inclinó la frente:

—¡Ya goza de Dios!

Una onda de gemidos se levantó en el estrado. Las damas rodearon a la Princesa, que con el pañuelo sobre los ojos se desmayaba lánguidamente en el canapé, y el Colegial Mayor se santiguó.

María Rosario, con los ojos arrasados de lágrimas guardaba lentamente sus agujas y su hilo de oro. Yo la veía en el otro extremo del salón, inclinada sobre un menudo y cincelado cofre que sostenía abierto en el regazo: Sin duda rezaba en voz baja, porque sus labios se movían débilmente. En su mejilla temblaba la sombra de las pestañas, y yo sentía que en el fondo de mi alma aquel rostro pálido temblaba con el encanto misterioso y poético que tiembla en el fondo de un lago el rostro de la Luna. María Rosario cerró el cofre, y dejando en él la llave de oro, lo puso sobre la alfombra para tomar en brazos a la más niña de sus hermanas, que lloraba asustada. Después se inclinó, besándola.

Yo veía cómo la infantil y rubia guedeja de María Nieves desbordaba sobre el brazo de María Rosario, y hallaba en aquel grupo la gracia cándida de esos cuadros antiguos que pintaron los monjes devotos de la virgen. La niña murmuró:

—¡Tengo sueño!

—¿Quieres que llame a la doncella para que te acueste?

—Malvina me deja sola. Se figura que estoy durmiendo y se va muy despacio, y cuando quedo sola tengo miedo.

María Rosario alzóse con la niña en brazos, y como una sombra silenciosa y pálida atravesó el salón. Yo acudí presuroso a levantar el cortinaje de la puerta. María Rosario pasó con los ojos bajos, sin mirarme: La niña, en cambio, volvió hacia mí sus claras pupilas llenas de lágrimas, y me dijo con una voz muy tenue:

—Buenas noches, Marqués, hasta mañana.

—Adiós, preciosa.

Y con el alma herida por el desdén que María Rosario me mostrara, volví al estrado, donde la Princesa seguía con el pañuelo sobre los ojos. Las ancianas de su tertulia la rodeaban, y de tiempo en tiempo se volvían aconsejadoras y prudentes para hablar en voz baja con las niñas, que también suspiraban, pero con menos dolor que su madre:

—Hijas mías, debéis hacer que se acueste.

—Hay que disponer los lutos.

—¿Dónde ha ido María Rosario?

El Colegial Mayor también dejaba oír alguna vez su voz grave y amable: Cada palabra suya producía un murmullo de admiración entre las señoras. La verdad es que cuanto manaba en sus labios parecía lleno de ciencia teológica y de unción cristiana: De rato en rato fijaba en mí una mirada rápida y sagaz, y yo comprendía con un estremecimiento, que aquellos ojos negros querían leer en mi alma. Yo era el único que allí permanecía silencioso, y acaso el único que estaba triste. Adivinaba, por primera vez en mi vida, todo el influjo galante de los prelados romanos, y acudía a mi memoria la leyenda de sus fortunas amorosas. Confieso que hubo instantes donde olvidé la ocasión, el sitio y hasta los cabellos blancos que peinaban aquellas nobles damas, y que tuve celos, celos rabiosos del Colegial Mayor. De pronto me estremecí: Hacía un momento que callaban todos, y en medio del silencio, el Colegial se acercaba a mí: Posó familiar su diestra sobre mi hombro, y me dijo:

—Caro Marqués, es preciso enviar un correo a Su Santidad.

Yo me incliné:

—Tenéis razón, Monseñor.

Y él repuso con extremada cortesía:

—Me congratula que seáis del mismo consejo... ¡Qué gran desgracia, Marqués!

—¡Muy grande, Monseñor!

Nos miramos de hito en hito, con un profundo convencimiento de que fingíamos por igual, y nos separamos. El Colegial Mayor volvió al lado de la Princesa, y yo salí del salón para escribir al Cardenal Camarlengo, que lo era entonces Monseñor Sassoferrato.

¡María Rosario, en aquella hora fortuita, tal vez estaba velando el cadáver de Monseñor Gaetani! Tuve este pensamiento al entrar en la biblioteca, llena de silencio y de sombras. Vino del mundo lejano, y pasó sobre mi alma como soplo de aire sobre un lago de misterio. Sentí en las sienes el frío de unas manos mortales, y, estremecido, me puse en pie. Quedó abandonado sobre la mesa el pliego de papel, donde solamente había trazado la cruz, y dirigí mis pasos hacia la cámara mortuoria. El olor de la cera llenaba el Palacio. Criados silenciosos velaban en los largos corredores, y en la antecámara paseaban dos familiares, que me saludaron con una inclinación de cabeza. Solo se oía el rumor de sus pisadas y el chisporroteo de los cirios que ardían en la alcoba.

Yo llegué hasta la puerta y me detuve: Monseñor Gaetani yacía rígido en su lecho, amortajado con hábito franciscano: En las manos yertas sostenía una cruz de plata, y sobre su rostro marfileño, la llama de los cirios tan pronto ponía un resplandor como una sombra. Allá, en el fondo de la estancia, rezaba María Rosario: Yo permanecí un momento mirándola: Ella levantó los ojos, se santiguó tres veces, besó la cruz de sus dedos, y poniéndose en pie vino hacia la puerta:

—Marqués, ¿queda mi madre en el salón?

—Allí la dejé...

—Es preciso que descanse, porque ya lleva así dos noches... ¡Adiós, Marqués!

—¿No queréis que os acompañe?

Ella se volvió:

—Acompañadme, sí... La verdad es que María Nieves me ha contagiado su miedo...

Atravesamos la antecámara. Los familiares detuvieron un momento el silencioso pasear, y sus ojos inquisidores nos siguieron hasta la puerta. Salimos al corredor que estaba solo, y sin poder dominarme estreché una mano de María Rosario y quise besarla, pero ella la retiró con vivo enojo:

—¿Qué hacéis?

—¡Que os adoro! ¡Que os adoro!

Asustada, huyó por el largo corredor. Yo la seguí:

—¡Os adoro! ¡Os adoro!

Mi aliento casi rozaba su nuca, que era blanca como la de una estatua y exhalaba no sé qué aroma de flor y de doncella.

—¡Os adoro! ¡Os adoro! —ella suspiró con angustia:

—¡Dejadme! ¡Por favor, dejadme!

Y sin volver la cabeza, azorada, trémula, huía por el corredor.

Sin aliento y sin fuerzas se detuvo en la puerta del salón. Yo todavía murmuré a su oído:

—¡Os adoro! ¡Os adoro!

María Rosario se pasó la mano por los ojos y entró. Yo entré detrás atusándome el mostacho. María Rosario se detuvo bajo la lámpara y me miró con ojos asustados, enrojeciendo de pronto: Luego quedó pálida, pálida como la muerte y vacilando, se acercó a sus hermanas, y tomó asiento entre ellas, que se inclinaron en sus sillas para interrogarla: Apenas respondía. Se hablaban en voz baja con tímida mesura, y en los momentos de silencio oíase el péndulo de un reloj. Poco a poco había ido menguando la tertulia: Solamente quedaban aquellas dos señoras de los cabellos blancos y los vestidos de negro. Ya cerca de medianoche la Princesa consintió en retirarse a descansar, pero sus hijas continuaron en el salón y velando hasta el día, acompañadas por las dos señoras que contaban historias de su juventud: Recuerdos de antiguas modas femeninas y de las guerras de Bonaparte. Yo escuchaba distraído, y desde el fondo de un sillón, oculto en la sombra, contemplaba a María Rosario: Parecía sumida en un ensueño: Su boca, pálida de ideales nostalgias, permanecía anhelante, como si hablase con las almas invisibles, y sus ojos inmóviles, abiertos sobre el infinito, miraban sin ver. Al contemplarla, yo sentía que en mi corazón se levantaba el amor, ardiente y trémulo como una llama mística. Todas mis pasiones se purificaban en aquel fuego sagrado y aromaban como gomas de Arabia. ¡Han pasado muchos años y todavía el recuerdo me hace suspirar!

Ya cerca del amanecer me retiré a la biblioteca. Era forzoso escribir al Cardenal Camarlengo, y decidí hacerlo en aquellas horas de monótona tristeza, cuando todas las campanas de Ligura se despertaban tocando a muerto, y prestes y arciprestes con rezo latino encomendaban a Dios el alma del difunto Obispo de Betulia. En mi carta, dile a Monseñor Sassoferrato cuenta de todo muy extensamente, y luego de haber lacrado y puesto los cinco sellos con las armas pontificias, llamé al mayordomo y le entregué el pliego para que sin pérdida de momento un correo lo llevase a Roma. Hecho esto me dirigí al oratorio de la Princesa, donde sin intervalo se sucedían las misas desde antes de rayar el Sol. Primero habían celebrado los familiares que velaran el cadáver de Monseñor Gaetani, después los capellanes de la casa, y luego algún obeso colegial mayor que llegaba apresurado y jadeante. La Princesa había mandado franquear las puertas del Palacio, y a lo largo de los corredores sentíase el sordo murmullo del pueblo que entraba a visitar el cadáver. Los criados vigilaban en las antesalas, y los acólitos pasaban y repasaban con su ropón rojo y su roquete blanco, metiéndose a empujones por entre los devotos.

Al entrar en el oratorio, mi corazón palpitó. Allí estaba María Rosario, y cercano a ella tuve la suerte de oír misa. Recibida la bendición, me adelanté a saludarla. Ella me respondió temblando: También mi corazón temblaba, pero los ojos de María Rosario no podían verlo. Yo hubiérale rogado que pusiese su mano sobre mi pecho, pero temí que desoyese mi ruego. Aquella niña era cruel como todas las santas que tremolan en la tersa diestra la palma virginal. Confieso que yo tengo predilección por aquellas otras que primero han sido grandes pecadoras. Desgraciadamente María Rosario nunca quiso comprender que era su destino mucho menos bello que el de María de Magdala. La pobre no sabía que lo mejor de la santidad son las tentaciones. Quise ofrecerle agua bendita, y con galante apresuramiento me adelanté a tomarla: María Rosario tocó apenas mis dedos, y haciendo la señal de la cruz, salió del oratorio. Salí detrás, y pude verla un momento en el fondo tenebroso del corredor, hablando con el mayordomo. Al parecer le daba órdenes en voz baja: volvió la cabeza, y viendo que me acercaba, enrojeció vivamente. El mayordomo exclamó:

—¡Aquí está el señor Marqués!

Y luego, dirigiéndose a mí con una profunda reverencia, continuó:

—Excelencia, perdonad que os moleste, pero decid si estáis quejoso de mí. ¿He cometido con vos alguna falta, acaso algún olvido...?

María Rosario le interrumpió con enojo:

—Callad, Polonio.

El melifluo mayordomo pareció consternado:

—¿Qué hice yo para merecer...?

—Os digo que calléis.

—Y os obedezco, pero como me reprocháis haber descuidado el servicio del Señor Marqués...

María Rosario, con las mejillas llameantes y la voz timbrada de cólera y de lágrimas, volvió a interrumpir:

—Os mando que calléis. Son insoportables vuestras explicaciones.

—¿Qué hice yo, cándida paloma, qué hice yo? —María Rosario, con un poco más de indulgencia, murmuró:

—¡Basta...! ¡Basta...! Perdonad, Marqués.

Y haciéndome una leve cortesía, se alejó. El mayordomo quedóse en medio del corredor con las manos en la cabeza y los ojos llorosos:

—Hubiérame tratado así una de sus hermanas, y me hubiera reído... La más pequeña no ignora que es princesina. No, no me hubiera reído, porque son mis señoras... Pero ella, ella que jamás ha reñido con nadie, venir a reñir hoy con este pobre viejo... ¡Y qué injustamente, qué injustamente!

Yo le pregunté con una emoción para mí desconocida hasta entonces:

—¿Es la mejor de sus hermanas?

—Y la mejor de las criaturas. Esa niña ha sido engendrada por los ángeles...

Y el Señor Polonio, enternecido, comenzó un largo relato de las virtudes que adornaban el alma de aquella doncella hija de príncipes, y era el relato del viejo mayordomo ingenuo y sencillo, como los que pueblan la Leyenda Dorada.

¡Llegaban por el cadáver de Monseñor...! Y el mayordomo partióse de mi lado muy afligido y presuroso. Todas las campanas de la histórica ciudad doblaban a un tiempo. Oíase el canto latino de los clérigos resonando bajo el pórtico del Palacio, y el murmullo de la gente que llenaba la plaza. Cuatro colegiales mayores bajaron en hombros el féretro, y el duelo se puso en marcha. Monseñor Antonelli me hizo sitio a su derecha, y con humildad, que me pareció estudiada, comenzó a dolerse de lo mucho que con la muerte de aquel santo y de aquel sabio perdía el Colegio Clementino. Yo a todo asentía con un vago gesto, y disimuladamente miraba a las ventanas llenas de mujeres. Monseñor tardó poco en advertirlo, y me dijo con una sonrisa tan amable como sagaz:

—Sin duda no conocéis nuestra ciudad.

—No, Monseñor.

—Si permanecéis algún tiempo entre nosotros y queréis conocerla, yo me ofrezco a ser vuestro guía. ¡Está llena de riquezas artísticas!

—Gracias, Monseñor.

Seguimos en silencio. El son de las campanas llenaba el aire, y el grave cántico de los clérigos parecía reposar en la tierra, donde todo es polvo y podredumbre. Jaculatorias, misereres, responsos caían sobre el féretro como el agua bendita del hisopo. Encima de nuestras cabezas las campanas seguían siempre sonando, y el Sol, un Sol abrileño, joven y rubio como un mancebo, brillaba en las vestiduras sagradas, en la seda de los pendones y en las cruces parroquiales con un alarde de poder pagano.

Atravesamos casi toda la ciudad. Monseñor había dispuesto que se diese tierra a su cuerpo en el Convento de los Franciscanos, donde hacía más de cuatro siglos tenían enterramiento los Príncipes Gaetani. Una tradición piadosa, dice que el Santo de Asís fundó el Convento de Ligura, y que vivió allí algún tiempo. Todavía florece en el huerto, el viejo rosal que se cubría de rosas en todas las ocasiones que visitaba aquella fundación el Divino Francisco. Llegamos entre dobles de campanas. En la puerta de la iglesia, alumbrándose con cirios, esperaba la Comunidad dividida en dos largas hileras. Primero los novicios, pálidos, ingenuos, demacrados: Después los profesos, sombríos, torturados, penitentes: Todos rezaban con la vista baja y sobre las sandalias los cirios lloraban gota a gota su cera amarilla.

Dijéronse muchas misas, cantóse un largo entierro, y el ataúd bajó al sepulcro que esperaba abierto desde el amanecer. Cayó la losa encima, y un colegial me buscó con deferencia cortesana, para llevarme a la sacristía. Los frailes seguían murmurando sus responsos, y la iglesia iba quedando en soledad y en silencio. En la sacristía saludé a muchos sabios y venerables teólogos que me edificaron con sus pláticas. Luego vino el Prior, un anciano de blanca barba, que había vivido largos años en los Santos Lugares. Me saludó con dulzura evangélica, y haciéndome sentar a su lado comenzó a preguntarme por la salud de Su Santidad. Los graves teólogos hicieron corro para escuchar mis nuevas, y como era muy poco lo que podía decirles, tuve que inventar en honor suyo toda una leyenda piadosa y milagrera: ¡Su Santidad recobrando la lozanía juvenil por medio de una reliquia! El Prior con el rostro resplandeciente de fe, me preguntó:

—¿De qué Santo era, hijo mío?

—De un Santo de mi familia.

Todos se inclinaron como si yo fuese el Santo. El temblor de un rezo pasó por las luengas barbas, que salían del misterio de las capuchas, y en aquel momento yo sentí el deseo de arrodillarme y besar la mano del Prior. Aquella mano que sobre todos mis pecados podía hacer la cruz: Ego te Absolvo.

Cuando volví al Palacio Gaetani, hallé a María Rosario en la puerta de la capilla repartiendo limosnas entre una corte de mendigos que alargaban las manos escuálidas bajo los rotos mantos. María Rosario era una figura ideal que me hizo recordar aquellas santas hijas de príncipes y de reyes: Doncellas de soberana hermosura, que con sus manos delicadas curaban a los leprosos. El alma de aquella niña encendíase con el mismo anhelo de santidad. A una vieja encorvada le decía:

—¿Cómo está tu marido, Liberata?

—¡Siempre lo mismo, señorina...! ¡Siempre lo mismo!

Y después de recoger su limosna y de besarla, retirábase la vieja salmodiando bendiciones, temblona sobre su báculo. María Rosario la miraba un momento, y luego sus ojos compasivos se tornaban hacia otra mendiga que daba el pecho a un niño escuálido, envuelto en el jirón de un manto:

—¿Es tuyo ese niño, Paula?

—No, Princesina: Era de una hermana que se ha muerto: Tres ha dejado la pobre, éste es el más pequeño.

—¿Y tú lo has recogido?

—¡La madre me lo recomendó al morir!

—¿Y qué es de los otros dos?

—Por esas calles andan. El uno tiene cinco años, el otro siete. ¡Pena da mirarles, desnudos como ángeles del Cielo!

María Rosario tomó en brazos al niño, y lo besó con dos lágrimas en los ojos. Al entregárselo a la mendiga le dijo:

—Vuelve esta tarde y pregunta por el Señor Polonio.

—¡Gracias, mi señorina!

Un murmullo, ardiente como una oración, entreabrió las bocas renegridas y tristes de aquellos mendigos:

—¡La pobre madre se lo agradecerá en el Cielo!

María Rosario continuó:

—Y si encuentras a los otros dos pequeños, tráelos también contigo.

—Los otros, hoy no sé dónde poder hallarlos, mi Princesina.

Un viejo de calva sien y luenga barba nevada, sereno y evangélico en su pobreza, se adelantó gravemente:

—Los otros, aunque cativo, tienen también amparo. Los ha recogido Barberina la Prisca, una viuda lavandera que también a mí me tiene recogido.

Y el viejo, que insensiblemente había ido algunos pasos hacia delante, retrocedió tentando en el suelo con el báculo, y en el aire con una mano, porque era ciego. María Rosario lloraba en silencio, y resplandecía hermosa y cándida como una Madona, en medio de la sórdida corte de mendigos que se acercaba de rodillas para besarle las manos. Aquellas cabezas humildes, demacradas, miserables, tenían una expresión de amor. Yo recordé entonces los antiguos cuadros, vistos tantas veces en un antiguo monasterio de la Umbría, tablas prerrafaélicas, que pintó en el retiro de su celda un monje desconocido, enamorado de los ingenuos milagros que florecen la leyenda de la reina de Turingia.

María Rosario también tenía una hermosa leyenda, y los lirios blancos de la caridad también la aromaban. Vivía en el Palacio como en un convento. Cuando bajaba al jardín traía la falda llena de espliego que esparcía entre sus vestidos, y cuando sus manos se aplicaban a una labor monjil, su mente soñaba sueños de santidad. Eran sueños albos como las parábolas de Jesús, y el pensamiento acariciaba los sueños, como la mano acaricia el suave y tibio plumaje de las palomas familiares. María Rosario hubiera querido convertir el Palacio en albergue donde se recogiese la procesión de viejos y lisiados, de huérfanos y locos que llenaba la capilla pidiendo limosna y salmodiando padrenuestros. Suspiraba recordando la historia de aquellas santas princesas que acogían en sus castillos a los peregrinos que volvían de Jerusalén. También ella era santa y princesa.

Sus días se deslizaban como esos arroyos silenciosos que parecen llevar dormido en su fondo el cielo que reflejan: Reza y borda en el silencio de las grandes salas desiertas y melancólicas: Tiemblan las oraciones en sus labios, tiembla en sus dedos la aguja que enhebra el hilo de oro, y en el paño de tisú florecen las rosas y los lirios que pueblan los mantos sagrados. Y después del día lleno de quehaceres humildes, silenciosos, cristianos, por las noches se arrodilla en su alcoba, y reza con fe ingenua al Niño Jesús, que resplandece bajo un fanal, vestido con alba de seda recamada de lentejuelas y abalorios. La paz familiar se levanta como una alondra del nido de su pecho, y revolotea por todo el Palacio, y canta sobre las puertas, a la entrada de las grandes salas. María Rosario fue el único amor de mi vida. Han pasado muchos años, y al recordarla ahora todavía se llenan de lágrimas mis ojos áridos, ya casi ciegos.

Quedaban todavía los olores de la cera en el Palacio. La Princesa, tendida en el canapé de su tocador, se dolía de la jaqueca. Sus hijas, vestidas de luto, hablaban en voz baja, y de tiempo en tiempo entraba o salía sin ruido alguna de ellas. En medio de un gran silencio, la Princesa incorporóse lánguidamente, volviendo hacia mí el rostro todavía hermoso, que parecía más blanco bajo una toca de negro encaje:

—¿Xavier, tú cuándo tienes que volver a Roma?

Yo me estremecí:

—Mañana, señora.

Y miré a María Rosario, que bajó la cabeza y se puso encendida como una rosa. La Princesa, sin reparar en ello, apoyó la frente en la mano, una mano evocación de aquellas que en los retratos antiguos sostienen a veces una flor, y a veces un pañolito de encaje: En tan bella actitud suspiró largamente —volvió a interrogarme:

—¿Por qué mañana?

—Porque ha terminado mi misión, señora.

—¿Y no puedes quedarte algunos días más con nosotras?

—Necesitaría un permiso.

—Pues yo escribiré hoy mismo a Roma.

Miré disimuladamente a María Rosario: Sus hermosos ojos negros me contemplaban asustados, y su boca intensamente pálida, que parecía entreabierta por el anhelo de un suspiro, temblaba. En aquel momento, su madre volvió la cabeza hacia donde ella estaba:

—María Rosario.

—Señora.

—Acuérdate de escribir en mi nombre a Monseñor Sassoferrato. Yo firmaré la carta.

María Rosario, siempre ruborosa, repuso con aquella serena dulzura que era como un aroma:

—¿Queréis que escriba ahora?

—Como te parezca, hija.

María Rosario se puso en pie.

—¿Y qué debo de decirle a Monseñor?

—Le notificas nuestra desgracia, y añades que vivimos muy solas, y que esperamos de su bondad un permiso para retener a nuestro lado por algún tiempo al Marqués de Bradomín.

María Rosario se dirigió hacia la puerta: tuvo que pasar por mi lado y aprovechando audazmente la ocasión, le dije en voz alta:

—¡Me quedo, porque os adoro!

Fingió no haberme oído, y salió. Volvíme entonces hacia la Princesa, que me miraba con una sombra de afán, y le pregunté aparentando indiferencia:

—¿Cuándo toma el velo María Rosario?

—No está designado el día.

—La muerte de Monseñor Gaetani, acaso lo retardará.

—¿Por qué?

—Porque ha de ser un nuevo disgusto para vos.

—No soy egoísta. Comprendo que mi hija será feliz en el convento, mucho más feliz que a mi lado, y me resigno.

—¿Es muy antigua la vocación de María Rosario?

—Desde niña.

—¿Y no ha tenido veleidades?

—¡Jamás!

Yo me atusé el bigote con la mano un poco trémula:

—Es una vocación de Santa.

—Sí, de Santa... Te advierto que no sería la primera en nuestra familia. Santa Margarita de Ligura, Abadesa de Fiesoli, era hija de un Príncipe Gaetani. Su cuerpo se conserva en la capilla del Palacio, y después de cuatrocientos años está como si acabase de expirar: Parece dormida. ¿Tú no bajaste a la cripta?

—No, señora.

—Pues es preciso que bajes un día.

Quedamos en silencio. La Princesa volvió a suspirar llevándose las manos a la frente: Sus hijas, allá en el fondo de la estancia, se hablaban en voz baja. Yo las miraba sonriendo y ellas me respondían en idéntica forma, con cierta alegría infantil y burlona que contrastaba con sus negros vestidos de duelo. Empezaba a decaer la tarde, y la Princesa mandó abrir una ventana que daba sobre el jardín:

—¡Me marea el olor de esas rosas, hijas mías!

Y señalaba los floreros que estaban sobre el tocador. Abierta la ventana, una ligera brisa entró en la estancia. Era alegre, perfumada y gentil como un mensaje de la Primavera: Sus alas invisibles alborotaron los rizos de aquellas cabezas juveniles, que allá en el fondo de la estancia me miraban y me sonreían. ¡Rizos rubios, dorados, luminosos, cabezas adorables, cuántas veces os he visto en mis sueños pecadores más bellas que esas aladas cabezas angélicas que solían ver en sus sueños celestiales los santos ermitaños!

La Princesa se acostó al comienzo de la noche, poco después del rosario. En el salón medio apagado, hablaban en voz baja las viejas damas que desde hacía veinte años acudían regularmente a la tertulia del Palacio Gaetani: Comenzaba a sentirse el calor, y estaban abiertas las puertas de cristales que daban al jardín. Dos hijas de la Princesa, María Soledad y María del Carmen, hacían los honores: La conversación era lánguida, de una languidez apocada y beata. Afortunadamente, al sonar las nueve en el reloj de la Catedral, las señoras se levantaron, y María del Carmen y María Soledad salieron acompañándolas. Yo quedé solo en el vasto salón, y no sabiendo qué hacer, bajé al jardín.

Era una noche de Primavera, silenciosa y fragante. El aire agitaba las ramas de los árboles con blando movimiento, y la Luna iluminaba por un instante la sombra y el misterio de los follajes. Sentíase pasar por el jardín un largo estremecimiento y luego todo quedaba en esa amorosa paz de las noches serenas. En el azul profundo temblaban las estrellas, y la quietud del jardín parecía mayor que la quietud del cielo. A lo lejos, el mar misterioso y ondulante exhalaba su eterna queja. Las dormidas olas fosforecían al pasar tumbando los delfines, y una vela latina cruzaba el horizonte bajo la Luna pálida. Yo recorría un sendero orillado por floridos rosales: Las luciérnagas brillaban al pie de los arbustos, el aire era fragante, y el más leve soplo bastaba para deshojar en los tallos las rosas marchitas. Yo sentía esa vaga y romántica tristeza que encanta los enamoramientos juveniles, con la leyenda de los grandes y trágicos dolores que se visten a la usanza antigua. Consideraba la herida de mi corazón como aquellas que no tienen cura y pensaba que de un modo fatal decidiría de mi suerte. Con extremos verterianos soñaba superar a todos los amantes que en el mundo han sido, y por infortunados y leales pasaron a la historia, y aun asomaron más de una vez la faz lacrimosa en las cantigas del vulgo. Desgraciadamente, quedéme sin superarlos, porque tales romanticismos nunca fueron otra cosa que un perfume derramado sobre todos mis amores de juventud. ¡Locuras gentiles y fugaces que duraban algunas horas, y que, sin duda, por eso, me han hecho suspirar y sonreír toda la vida!

De pronto huyeron mis pensamientos. Daba las doce el viejo reloj de la Catedral y cada campanada, en el silencio del jardín, retumbó con majestad sonora. Volví al salón, donde ya estaban apagadas las luces. En los cristales de una ventana temblaba el reflejo de la Luna, y allá en el fondo, brillaba la esfera de un reloj que con delicado y argentino son, daba también las doce. Me detuve en la puerta, para acostumbrarme a la oscuridad, y poco a poco mis ojos columbraron la forma incierta de las cosas. Una mujer hallábase sentada en el sofá del estrado. Yo solo distinguía sus manos blancas: El cuerpo era una sombra negra. Quise acercarme, y vi cómo sin ruido se ponía en pie y cómo sin ruido se alejaba y desaparecía. Hubiérala creído un fantasma engaño de mis ojos, si al dejar de verla no llegase hasta mí un sollozo. Al pie del sofá estaba caído un pañuelo perfumado de rosas y húmedo de llanto. Lo besé con afán. No dudaba que aquel fantasma había sido María Rosario. Pasé la noche en vela, sin conseguir conciliar el sueño. Al rayar el alba en las ventanas de mi alcoba, y solo entonces, en medio del alegre voltear de un esquilón que tocaba a misa, me dormí. Al despertarme, ya muy entrado el día, supe con profundo reconocimiento cuánto por la salud de mi alma se interesaba la Princesa Gaetani. La noble señora estaba muy afligida porque yo había perdido el Oficio Divino.

Al caer de la tarde llegaron aquellas dos señoras de los cabellos blancos y los negros y crujientes vestidos de seda. La Princesa se incorporó saludándolas con amable y desfallecida voz:

—¿Dónde habéis estado?

—¡Hemos corrido toda Ligura!

—¡Vosotras!

Ante el asombro de la Princesa, las dos señoras se miraron sonriendo:

—Cuéntale tú, Antonina.

—Cuéntale tú, Lorencina.

Y luego las dos comienzan el relato al mismo tiempo: Habían oído un sermón en la Catedral: habían pasado por el Convento de las Carmelitas para preguntar por la Madre Superiora que estaba enferma: Habían velado al Santísimo. Aquí la Princesa interrumpió:

—¿Y cómo sigue la Madre Superiora?

—Todavía no baja al locutorio.

—¿A quién habéis visto?

—A la Madre Escolástica. ¡La pobre siempre tan buena y tan cariñosa! No sabes cuánto nos preguntó por ti y por tus hijas: Nos enseñó el hábito de María Rosario: Iba a mandárselo para que lo probase: Lo ha cosido ella misma: Dice que será el último, porque está casi ciega.

La Princesa suspiró:

—¡Yo no sabía que estuviese ciega!

—Ciega no, pero ve muy poco.

—Pues no tiene años para eso...

La Princesa acabó la frase con un gesto de fatiga, llevándose las manos a la frente. Después se distrajo mirando hacia la puerta, donde asomaba la escuálida figura del Señor Polonio. Detenido en el umbral, el mayordomo saludaba con una profunda reverencia:

—¿Da su permiso mi Señora la Princesa?

—Adelante, Polonio. ¿Qué ocurre?

—Ha venido el sacristán de las Madres Carmelitas con el hábito de la Señorina.

—¿Y ella lo sabe?

—Probándoselo queda.

Al oír esto, las otras hijas de la Princesa, que sentadas en rueda bordaban el manto de Santa Margarita de Ligura, habláronse en voz baja, juntando las cabezas, salieron de la estancia con alegre murmullo, en un grupo casto y primaveral como aquel que pintó Sandro Boticelli. La Princesa las miró con maternal orgullo, y luego hizo un ademán despidiendo al mayordomo, que, en lugar de irse, adelantó algunos pasos balbuciendo:

—Ya he dado el último perfil al Paso de las Caídas... Hoy empiezan las procesiones de Semana Santa.

La Princesa replicó con desdeñosa altivez:

—Y sin duda has creído que yo lo ignoraba.

El mayordomo pareció consternado:

—¡Líbreme el Cielo, Señora!

—¿Pues entonces...?

—Hablando de las procesiones, el sacristán de las Madres me dijo que tal vez este año no saliesen las que costea y patrocina mi Señora la Princesa.

—¿Y por qué causa?

—Por la muerte de Monseñor, y el luto de la casa.

—Nada tiene que ver con la religión, Polonio.

Aquí la Princesa creyó del caso suspirar. El mayordomo se inclinó:

—Cierto, Señora, ciertísimo. El sacristán lo decía contemplando mi obra. Ya sabe la Señora Princesa... El Paso de las Caídas... Espero que mi señora se digne verlo...

El mayordomo se detuvo sonriendo ceremoniosamente. La Princesa asintió con un gesto, y luego volviéndose a mí pronunció con ligera ironía:

—¿Tú acaso ignoras que mi mayordomo es un gran artista?

El viejo se inclinó:

—¡Un artista...! Hoy en día ya no hay artistas. Los hubo en la antigüedad.

Yo intervine con mi juvenil insolencia:

—¿Pero de qué época sois, Señor Polonio?

El mayordomo repuso sonriendo:

—Vos tenéis razón, Excelencia... Hablando con verdad, no puedo decir que éste sea mi siglo...

—Vos pertenecéis a la antigüedad más clásica y más remota. ¿Y cuál arte cultiváis, Señor Polonio?

El Señor Polonio repuso con suma modestia:

—Todas, Excelencia.

—¡Sois un nieto de Miguel Ángel!

—El cultivarlas todas no quiere decir que sea maestro en ellas, Excelencia.

La Princesa sonrió con aquella amable ironía que al mismo tiempo mostraba señoril y compasivo afecto por el mayordomo:

—Xavier, tienes que ver su última obra: ¡El Paso de las Caídas! ¡Una maravilla!

Las dos ancianas juntaron las secas manos con infantil admiración:

—¡Si cuando joven hubiera querido ir a Roma...! ¡Oh!

El mayordomo lloraba enternecido:

—¡Señoras...! ¡Mis nobles Mecenas!

De pronto se oyó murmullo de juveniles voces que se aproximaban, y un momento después el coro de las cinco hermanas invadía la estancia. María Rosario traía puesto el blanco hábito que debía llevar durante toda la vida, y las otras se agrupaban en torno como si fuese una Santa. Al verlas entrar, la Princesa se incorporó muy pálida: Las lágrimas acudían a sus ojos y luchaba en vano por retenerlas. Cuando María Rosario se acercó a besarle la mano, le echó los brazos al cuello y la estrechó amorosamente. Quedó después contemplándola, y no pudo contener un grito de angustia.

Yo estaba tan conmovido que, como en sueños, percibí la voz del viejo mayordomo: Hablaba después de un profundo silencio:

—Si merezco el honor... Perdonad, pero ahora van a llevarse esa pobre obra de mis manos pecadoras. Si queréis verla, apenas queda tiempo...

Las dos señoras se levantaron sacudiéndose las crujientes y arrugadas faldas:

—¡Oh...! Vamos allá.

Antes de salir ya comenzaron las explicaciones del Señor Polonio:

—Conviene saber que el Nazareno y el Cirineo son los mismos que había antiguamente. De mi mano son únicamente los judíos. Los hice de cartón. Ya conocen mi antigua manía de hacer caretas. Una manía y de las peores. Con ella di gran impulso a los Carnavales, que es la fiesta de Satanás. ¡Aquí antes nadie se vestía de máscara, pero como yo regalaba a todo el mundo mis caretas de cartón! ¡Dios me perdone! Los Carnavales de Ligura llegaron a ser famosos en Italia... Vengan por aquí sus Excelencias. Pasamos a una gran sala que tenía las ventanas cerradas. El Señor Polonio adelantóse para abrirlas. Después se volvió pidiendo mil perdones, y nosotros entramos. Mis ojos quedaron extasiados al ver en medio de la sala unas andas con Jesús de Nazareno, entre cuatro judíos tontos y barbudos. Las dos señoras lloraban de emoción:

—¡Si considerásemos lo que Nuestro Señor padeció por nosotros!

—¡Ay...! ¡Si lo considerásemos!

En presencia de aquellos cuatro judíos vestidos a la chamberga, era indudable que las devotas señoras procuraban hacerse cargo del drama de la Pasión. El Señor Polonio daba vueltas en torno de las andas y con los nudillos golpeaba suavemente las fieras cabezas de los cuatro deicidas:

—¡De cartón...! ¡Sí, señoras, igual que las caretas! Fue una idea que me vino sin saber cómo.

Las damas repetían juntando las manos:

—¡Inspiración divina...!

—¡Inspiración de lo alto...!

El Señor Polonio sonreía:

—Nadie, absolutamente nadie, esperaba que pudiese realizar la idea... Se burlaban de mí... Ahora, en cambio, todo se vuelven parabienes. ¡Y yo perdono aquellos sarcasmos! ¡Llevé mi idea en la frente un año entero!

Oyéndoles, las señoras, repetían enternecidas:

—¡Inspiración...!

—¡Inspiración...!

Jesús Nazareno, desmelenado, lívido, sangriento, agobiado bajo el peso de la cruz, parecía clavar en nosotros su mirada dulce y moribunda. Los cuatro judíos, vestidos de rojo, le rodeaban fieros. El que iba delante tocaba la trompeta. Los que le daban escolta a uno y otro lado, llevaban sendas disciplinas, y aquel que caminaba detrás, mostraba al pueblo la sentencia de Pilatos. Era un papel de música, y el mayordomo tuvo cuidado de advertirnos cómo en aquel tiempo de gentiles, los escribanos hacían unos garabatos muy semejantes a los que hacen los músicos. Volviéndose a mí con gravedad doctoral, continuó:

—Los moros y los judíos todavía escriben de una manera semejante. ¿Verdad, Excelencia?

Cuando el Señor Polonio se hallaba en esta erudita explicación, llegó un sacristán capitaneando a cuatro devotos que venían para llevarse a la iglesia de los Capuchinos aquel famoso Paso de las Caídas. El Señor Polonio cubrió las andas con una colcha, y les ayudó a levantarlas. Después los acompañó hasta la puerta de la estancia:

—¡Cuidado...! No tropezar con las paredes... ¡Cuidado...!

Enjugóse las lágrimas, y abrió una ventana para verlos salir. La primera preocupación del sacristán, cuando asomó en la calle, fue mirar al cielo, que estaba completamente encapotado. Luego se puso al frente de su tropa, y echó por medio. Los cuatro devotos iban casi corriendo. Las andas envueltas en la colcha roja bamboleaban sobre sus hombros. El Señor Polonio se dirigió a nosotros:

—Sin cumplimiento: ¿Qué les ha parecido?

Las dos señoras estuvieron, como siempre, de acuerdo:

—¡Edificante!

—¡Edificante!

El Señor Polonio sonrió beatíficamente y su escuálida figura de dómine enamorado de las musas se volvió a la ventana con la mano extendida hacia la calle, para enterarse si llovía.

Aquella noche las hijas de la Princesa habíanse refugiado en la terraza, bajo la Luna, como las hadas de los cuentos: Rodeaban a una amiga joven y muy bella, que de tiempo en tiempo me miraba llena de curiosidad. En el salón, las señoras ancianas conversaban discretamente, y sonreían al oír las voces juveniles que llegaban en ráfagas perfumadas con el perfume de las lilas que se abrían al pie de la terraza. Desde el salón distinguíase el jardín, inmóvil bajo la Luna, que envolvía en pálida claridad la cima mustia de los cipreses y el balconaje de la terraza donde, otras veces, el pavo real abría su abanico de quimera y cuento.

Yo quise varias veces acercarme a María Rosario. Todo fue inútil: Ella adivinaba mis intenciones, y alejábase cautelosa, sin ruido, con la vista baja y las manos cruzadas sobre el escapulario del hábito monjil que conservaba puesto. Viéndola a tal extremo temerosa, yo sentía halagado mi orgullo donjuanesco, y algunas veces, solo por turbarla, cruzaba de un lado al otro. La pobre niña al instante se prevenía para huir: Yo pasaba aparentando no advertirlo. Tenía la petulancia de los veinte años. Otros momentos entraba en el salón y deteníame al lado de las viejas damas, que recibían mis homenajes con timidez de doncellas. Recuerdo que me hallaba hablando con aquella devota Marquesa de Téscara, cuando, movido por un oscuro presentimiento, volví la cabeza y busqué con los ojos la blanca figura de María Rosario. La Santa ya no estaba.

Una nube de tristeza cubrió mi alma. Dejé a la vieja linajuda y salí a la terraza. Mucho tiempo permanecí reclinado sobre el florido balconaje de piedra contemplando el jardín. En el silencio perfumado cantaba un ruiseñor, y parecía acordar su voz con la voz de las fuentes. El reflejo de la Luna iluminaba aquel sendero de los rosales que yo había recorrido otra noche. El aire suave y gentil, un aire a propósito para llevar suspiros, pasaba murmurando, y a lo lejos, entre mirtos inmóviles, ondulaba el agua de un estanque. Yo evocaba en la memoria el rostro de María Rosario, y no cesaba de pensar:

—¿Qué siente ella?... ¿Qué siente ella por mí?...

Bajé lentamente hacia el estanque. Las ranas que estaban en la orilla saltaron al agua produciendo un ligero estremecimiento en el dormido cristal. Había allí un banco de piedra y me senté. La noche y la Luna eran propicias al ensueño, y pude sumergirme en una contemplación semejante al éxtasis. Confusos recuerdos de otros tiempos y otros amores se levantaron en mi memoria. Todo el pasado resurgía como una gran tristeza y un gran remordimiento. Mi juventud me parecía mar de soledad y de tormentas, siempre en noche. El alma languidecía en el recogimiento del jardín, y el mismo pensamiento volvía como el motivo de un canto lejano:

—¿Qué siente ella?... ¿Qué siente ella por mí?...

Ligeras nubes blancas erraban en torno de la Luna y la seguían en su curso fantástico y vagabundo. Empujadas por un soplo invisible, la cubrieron y quedó sumido en sombras el jardín. El estanque dejó de brillar entre los mirtos inmóviles: Solo la cima de los cipreses permaneció iluminada. Como para armonizar con la sombra, se levantó una brisa que pasó despertando largo susurro en todo el recinto y trajo hasta mí el aroma de las rosas deshojadas. Lentamente volví hacia el Palacio: Mis ojos se detuvieron en una ventana iluminada, y no sé qué oscuro presentimiento hizo palpitar mi corazón. Aquella ventana alzábase apenas sobre la terraza, permanecía abierta, y el aire ondulaba la cortina. Me pareció que por el fondo de la estancia cruzaba una sombra blanca. Quise acercarme, pero el rumor de unas pisadas bajo la avenida de los cipreses me detuvo. El viejo mayordomo paseaba a la luz de la Luna sus ensueños de artista. Yo quedé inmóvil en el fondo del jardín. Y contemplando aquella luz el corazón latía:

—¿Qué siente ella?... ¿Qué siente ella por mí?... ¡Pobre María Rosario!

Yo la creía enamorada, y, sin embargo, mi corazón presentía no sé qué quimérica y confusa desventura. Quise volver a sumergirme en mi amoroso ensueño, pero el canto de un sapo repetido monótonamente bajo la arcada de los cipreses distraía y turbaba mi pensamiento. Recuerdo que de niño he leído muchas veces en un libro de devociones donde rezaba mi abuela, que el Diablo solía tomar ese aspecto para turbar la oración de un santo monje. Era natural que a mí me ocurriese lo mismo. Yo, calumniado y mal comprendido, nunca fui otra cosa que un místico galante, como San Juan de la Cruz. En lo más florido de mis años hubiera dado gustoso todas las glorias mundanas por poder escribir en mis tarjetas: El Marqués de Bradomín, Confesor de Princesas.

En achaques de amor, ¿quién no ha pecado alguna vez? Yo estoy íntimamente convencido de que el Diablo tienta siempre a los mejores. Aquella noche el cornudo monarca del abismo encendió mi sangre con su aliento en llamas y despertó mi carne flaca, fustigándola con su rabo negro. Yo cruzaba la terraza cuando una ráfaga violenta alzó la flameante cortina, y mis ojos mortales vieron arrodillada en el fondo de la estancia la sombra pálida de María Rosario. No puedo decir lo que entonces pasó por mí. Con que primero fue un impulso ardiente, y después una sacudida fría y cruel. La audacia que se admira en los labios y en los ojos de aquel retrato que del divino César Borgia pintó el divino Rafael de Sanzio. Me volví mirando en torno: Escuché un instante: En el jardín y en el Palacio todo era silencio. Llegué cauteloso a la ventana, y salté dentro. La Santa dio un grito: Se dobló blandamente como una flor cuando pasa el viento, y quedó tendida, desmayada, con el rostro pegado a la tierra. En mi memoria vive siempre el recuerdo de sus manos blancas y frías: ¡Manos diáfanas como la hostia!...

Al verla desmayada la cogí en brazos y la llevé a su lecho, que era como altar de lino albo y de rizado encaje. Después, con una sombra de recelo, apagué la luz: Quedó en tinieblas el aposento y con los brazos extendidos comencé a caminar en la oscuridad. Ya tocaba el borde de su lecho y percibía la blancura del hábito monjil, cuando el rumor de unos pasos en la terraza heló mi sangre y me detuvo. Manos invisibles alzaron la flameante cortina y la claridad de la Luna penetró en la estancia. Los pasos habían cesado. Una sombra oscura se destacaba en el hueco iluminado de la ventana. La sombra se inclinó mirando hacia el fondo del aposento, y volvió a erguirse. Cayó la cortina, y escuché de nuevo el rumor de los pasos que se alejaban. Yo no había visto. Inmóvil, yerto, anhelante, permanecí sin moverme. De tiempo en tiempo la cortina temblaba: Un rayo de Luna esclarecía el aposento, y con amoroso sobresalto mis ojos volvían a distinguir el cándido lecho y la figura cándida que yacía como la estatua en un sepulcro. Tuve miedo, y cauteloso llegué hasta la ventana. El sapo dejaba oír su canto bajo la arcada de los cipreses, y el jardín, húmedo y sombrío, susurrante y oscuro, parecía su reino. Salté la ventana como un ladrón, y anduve a lo largo de la terraza pegado al muro. De pronto, me pareció sentir leve rumor, como de alguno que camina recatándose. Me detuve y miré, pero en la inmensa sombra que el Palacio tendía sobre la terraza y el jardín, nada podía verse. Seguí adelante, y apenas había dado algunos pasos, cuando un aliento jadeante rozó mi cuello, y la punta de un puñal desgarró mi hombro. Me volví con fiera presteza. Un hombre corría a ocultarse en el jardín. Le reconocí con asombro, casi con miedo, al cruzar un claro iluminado por la Luna, y desistí de seguirle, para evitar todo escándalo. Más, mucho más que la herida, me dolía dejar de castigarle, pero ello era forzoso, y entréme en el Palacio, sintiendo el calor tibio de la sangre correr por mi cuerpo. Musarelo, mi criado, que dormitaba en la antecámara, despertóse al ruido de mis pasos y encendió las luces de un candelabro. Después se cuadró militarmente:

—A la orden, mi Capitán.

—Acércate, Musarelo...

Y tuve que apoyarme en la puerta para no caer. Musarelo era un soldado veterano que me servía desde mi entrada en la Guardia Noble. En voz baja y serena, le dije:

—Vengo herido...

Me miró con ojos asustados:

—¿Dónde, Señor?

—En el hombro.

Musarelo levantó los brazos, y clamó con la pasión religiosa de un fanático:

—¡A traición sería!...

Yo sonreí. Musarelo juzgaba imposible que un hombre pudiese herirme cara a cara:

—Sí, fue a traición. Ahora véndame, y que nadie se entere...

El soldado comenzó a desabrocharme la bizarra ropilla. Al descubrir la herida, yo sentí que sus manos temblaban:

—No te desmayes, Musarelo.

—No, mi Capitán.

Y todo el tiempo, mientras me curaba, estuvo repitiendo por lo bajo:

—¡Ya buscaremos a ese bergante!...

No, no era posible buscarle. El bergante estaba bajo la protección de la Princesa, y acaso en aquel instante le refería la hazaña de su puñal. Torturado por este pensamiento, pasé la noche inquieto y febril. Quería adivinar lo venidero, y perdíame en cavilaciones. Aún recuerdo que mi corazón tembló como el corazón de un niño, cuando volví a verme enfrente de la Princesa Gaetani.

Fue al entrar en la biblioteca, que por hallarse a oscuras yo había supuesto solitaria, cuando oí la voz apasionada de la Princesa Gaetani:

—¡Oh! ¡Cuánta infamia! ¡Cuánta infamia!

Desde aquel momento tuve por cierto que la noble señora lo sabía todo, y, cosa extraña, al dejar de dudar dejé de temer. Con la sonrisa en los labios atusándome el mostacho entré en la biblioteca:

—Me pareció oiros, y no quise pasar sin saludaros, Princesa.

La Princesa estaba pálida como una muerta:

—¡Gracias!

En pie, tras el sillón que ocupaba la dama hallábase el mayordomo, y en la penumbra de la biblioteca, yo le adivinaba asaeteándome con los ojos. La Princesa inclinóse hojeando un libro. Sobre el vasto recinto se cernía el silencio como un murciélago de maleficio, que solo se anuncia por el aire frío de sus alas. Yo comprendía que la noble señora buscaba herirme con su desdén, y un poco indeciso, me detuve en medio de la estancia. Mi orgullo levantábase en ráfagas, pero sobre los labios temblorosos estaba la sonrisa. Supe dominar mi despecho y me acerqué galante y familiar:

—¿Estáis enferma, señora?

—No...

La Princesa continuaba hojeando el libro, y hubo otro largo silencio. Al cabo suspiró dolorida, incorporándose en su sillón.

—Vámonos, Polonio...

El mayordomo me dirigió una mirada oblicua que me recordó al viejo Bandelone que hacía los papeles de traidor en la compañía de Ludovico Straza:

—A vuestras órdenes, Excelencia.

Y la Princesa, seguida del mayordomo, sin mirarme, atravesó el largo salón de la biblioteca. Yo sentí la afrenta, pero todavía supe dominarme, y le dije:

—Princesa, esperad que os cuente cómo esta noche me han herido...

Y mi voz, helada por un temblor nervioso, tenía cierta amabilidad felina que puso miedo en el corazón de la Princesa. Yo la vi palidecer y detenerse mirando al mayordomo: Después murmuró fríamente, casi sin mover los labios:

—¿Dices que te han herido?

Su mirada se clavó en la mía, y sentí el odio en aquellos ojos redondos y vibrantes como los ojos de las serpientes. Un momento creí que llamase a sus criados para que me arrojasen del Palacio, pero temió hacerme tal afrenta, y desdeñosa siguió hasta la puerta, donde se volvió lentamente:

—¡Ah...! No tuve carta autorizando tu estancia en Ligura.

Yo repuse sonriendo, sin apartar mis ojos de los suyos:

—Será preciso volver a escribir.

—¿Quién?

—Quien escribió antes: María Rosario...

La Princesa no esperaba tanta osadía, y tembló. Mi leyenda juvenil, apasionada y violenta, ponía en aquellas palabras un nimbo satánico. Los ojos de la Princesa se llenaron de lágrimas, y como eran todavía muy bellos, mi corazón de andante caballero tuvo un remordimiento. Por fortuna las lágrimas de la Princesa no llegaron a rodar, solo empañaron el claro iris de su pupila. Tenía el corazón de una gran dama y supo triunfar del miedo: Sus labios se plegaron por el hábito de la sonrisa, sus ojos me miraron con amable indiferencia y su rostro cobró una expresión calma, serena, tersa, como esas santas de aldea que parecen mirar benévolamente a los fieles. Detenida en la puerta, me preguntó:

—¿Y cómo te han herido?

—En el jardín, señora...

La Princesa, sin moverse del umbral, escuchó la historia que yo quise contarle. Atendía sin mostrar sorpresa, sin desplegar los labios, sin hacer un gesto. Por aquel camino del mutismo intentaba quebrantar mi audacia, y como yo adivinaba su intención, me complacía hablando sin reposo para velar su silencio. Mis últimas palabras fueron acompañadas de una profunda cortesía, pero ya no tuve valor para besarle la mano:

—¡Adiós, Princesa...! Avisadme si tenéis noticias de Roma.

Polonio, a hurto, hizo los cuernos con la mano. La Princesa guardó silencio. Crucé la silenciosa biblioteca y salí. Después, meditando a solas si debía abandonar el Palacio Gaetani, resolví quedarme. Quería mostrar a la Princesa que cuando suelen otros desesperarse, yo sabía sonreír, y que donde otros son humillados, yo era triunfador. ¡El orgullo ha sido siempre mi mayor virtud!

Permanecí todo el día retirado en mi cámara. Hallábame cansado como después de una larga jornada, sentía en los párpados una aridez febril, y sentía los pensamientos enroscados y dormidos dentro de mí, como reptiles. A veces se despertaban y corrían sueltos, silenciosos, indecisos: Ya no eran aquellos pensamientos, de orgullo y de conquista, que volaban como águilas con las garras abiertas. Ahora mi voluntad flaqueaba, sentíame vencido y solo quería abandonar el Palacio. Hallábame combatido por tales bascas, cuando entró Musarelo:

—Mi Capitán, un padre capuchino desea hablaros.

—Dile que estoy enfermo.

—Se lo he dicho, Excelencia.

—Dile que me he muerto.

—Se lo he dicho, Excelencia.

Miré a Musarelo que permanecía ante mí con un gesto impasible y bufonesco:

—¿Pues entonces qué pretende ese padre capuchino?

—Rezaros los responsos, Excelencia.

Iba yo a replicar, pero en aquel momento una mano levantó el majestuoso cortinaje de terciopelo carmesí:

—Perdonad que os moleste, joven caballero.

Un viejo de luenga barba, vestido con el sayal de los capuchinos, estaba en el umbral de la puerta. Su aspecto venerable me impuso respeto:

—Entrad, Reverendo Padre.

Y adelantándose le ofrecí un sillón. El capuchino rehusó sentarse, y sus barbas de plata se iluminaron con la sonrisa grave y humilde de los Santos. Volvió a repetir:

—Perdonad que os moleste...

Hizo una pausa, esperando a que saliese Musarelo, y después continuó:

—Joven caballero, poned atención en cuanto voy a deciros, y líbreos el Cielo de menospreciar mi aviso. ¡Acaso pudiera costaros la vida! Prometedme que después de haberme oído no querréis saber más, porque responderos me sería imposible. Vos comprenderéis que este silencio lo impone un deber de mi estado religioso, y todo cristiano ha de respetarlo. ¡Vos sois cristiano...!

Yo repuse inclinándome profundamente:

—Soy un gran pecador, Reverendo Padre.

El rostro del capuchino volvió a iluminarse con indulgente sonrisa:

—Todos lo somos, hijo mío.

Después, con las manos juntas y los ojos cerrados, permaneció un momento como meditando. En las hundidas cuencas, casi se transparentaba el globo de los ojos bajo el velo descarnado y amarillento de los párpados. Al cabo de algún tiempo continuó:

—Mi palabra y mi fe no pueden seros sospechosas, puesto que ningún interés vil me trae a vuestra presencia. Solamente me guía una poderosa inspiración, y no dudo que es vuestro Ángel quien se sirve de mí para salvaros la vida, no pudiendo comunicar con vos. Ahora decidme si estáis conmovido, y si puedo daros el consejo que guardo en mi corazón.

—¡No lo dudéis, Reverendo Padre! Vuestras palabras me han hecho sentir algo semejante al terror. Yo juro seguir vuestro consejo, si en su ejecución no hallo nada contra mi honor de caballero.

—Está bien, hijo mío. Espero que por un sentimiento de caridad, suceda lo que suceda, a nadie hablaréis de este pobre capuchino.

—Lo prometo por mi fe de cristiano, Reverendo Padre... Pero hablad, os lo ruego.

—Hoy, después de anochecido, salid por la cancela del jardín, y bajad rodeando la muralla. Encontraréis una casa terreña que tiene en el tejado un cráneo de buey: Llamad allí. Os abrirá una vieja, y le diréis que deseáis hablarle: Con esto solo os hará entrar. Es probable que ni siquiera os pregunte quién sois, pero si lo hiciese, dad un nombre supuesto. Una vez en la casa, rogadle que os escuche, y exigidle secreto sobre lo que vais a confiarle. Es pobre, y debéis mostraros liberal con ella, porque así os servirá mejor. Veréis como inmediatamente cierra su puerta para que podáis hablar sin recelo. Vos, entonces, hacedle entender que estáis resuelto a recobrar el anillo y cuanto ha recibido con él. No olvidéis esto: El anillo y cuanto ha recibido con él. Amenazadla si se resiste, pero no hagáis ruido, ni la dejéis que pida socorro. Procurar persuadirla ofreciéndole doble dinero del que alguien le ha ofrecido por perderos. Estoy seguro que acabará haciendo aquello que le mandéis, y que todo os costará bien poco. Pero aun cuando así no fuese, vuestra vida debe seros más preciada que todo el oro del Perú. No me preguntéis más, porque más no puedo deciros... Ahora, antes de abandonaros, juradme que estáis dispuesto a seguir mi consejo.

—Sí, Reverendo Padre, seguiré la inspiración del Ángel que os trajo.

—¡Así sea!

El capuchino trazó en el aire una lenta bendición, y yo incliné la cabeza para recibirla. Cuando salió, confieso que no tuve ánimos de reír. Con estupor, casi con miedo, advertí que en mi mano faltaba un anillo que llevaba desde hacía muchos años, y solía usar como sello. No pude recordar dónde lo había perdido. Era un anillo antiguo: Tenía el escudo grabado en amatista, y había pertenecido a mi abuelo el Marqués de Bradomín.

Bajé al jardín donde volaban los vencejos en la sombra azul de la tarde. Las veredas de mirtos seculares, hondas y silenciosas, parecían caminos ideales que convidaban a la meditación y al olvido, entre frescos aromas que esparcían en el aire las yerbas humildes que brotaban escondidas como virtudes. Llegaba a mí sofocado y continuo el rumor de las fuentes sepultadas en el verde perenne de los mirtos, de los laureles y de los bojes. Una vibración misteriosa parecía salir del jardín solitario, y un afán desconocido me oprimía el corazón. Yo caminaba bajo los cipreses, que dejaban caer de su cima un velo de sombra. Desde lejos, como a través de larga sucesión de pórticos, distinguí a María Rosario sentada al pie de una fuente, leyendo en un libro: Seguí andando con los ojos fijos en aquella feliz aparición. Al ruido de mis pasos alzó levemente la cabeza, y con dos rosas de fuego en las mejillas volvió a inclinarla, y continuó leyendo. Yo me detuve porque esperaba verla huir, y no encontraba las delicadas palabras que convenían a su gracia eucarística de lirio blanco.

Al verla sentada al pie de la fuente, sobre aquel fondo de los bojes antiguos, leyendo el libro abierto en sus rodillas, adiviné que María Rosario tenía por engaño del sueño, mi aparición en su alcoba. Al cabo de un momento volvió a levantar la cabeza, y sus ojos, en un batir de párpados echaron sobre mí una mirada furtiva. Entonces le dije:

—¿Qué leéis en este retiro?

Sonrió tímidamente.

—La Vida de la Virgen María.

Tomé el libro de sus manos, y al cedérmelo, mientras una tenue llamarada encendía de nuevo sus mejillas, me advirtió:

—Tened cuidado que no caigan las flores disecadas que hay entre las páginas.

—No temáis...

Abrí el libro con religioso cuidado, aspirando la fragancia delicada y marchita que exhalaba como un aroma de santidad. En voz baja leí:

—La Ciudad Mística de Sor María de Jesús, llamada de Ágreda.

Volví a entregárselo, y ella, al recibirlo, interrogó sin osar mirarme:

—¿Acaso conocéis ese libro?

—Lo conozco porque mi padre espiritual lo leía cuando estuvo prisionero en los Plomos de Venecia.

María Rosario, un poco confusa, murmuró:

—¡Vuestro padre espiritual! ¿Quién es vuestro padre espiritual?

—El Caballero de Casanova.

—¿Un noble español?

—No, un aventurero veneciano.

—¿Y un aventurero...?

Yo la interrumpí.

—Se arrepintió al final de su vida.

—¿Se hizo fraile?

—No tuvo tiempo, aun cuando dejó escritas sus confesiones.

—¿Como San Agustín?

—¡Lo mismo! Pero humilde y cristiano, no quiso igualarse con aquel Doctor de la Iglesia, y las llamó Memorias.

—¿Vos las habéis leído?

—Es mi lectura favorita.

—¿Serán muy edificantes?

—¡Oh...! ¡Cuánto aprenderíais en ellas...! Jacobo de Casanova fue gran amigo de una monja de Venecia.

—¿Como San Francisco fue amigo de Santa Clara?

—Con una amistad todavía más íntima.

—¿Y cuál era la regla de la monja?

—Carmelita.

—Yo también seré Carmelita.

María Rosario calló ruborizándose, y quedó con los ojos fijos en el cristal de la fuente, que la reflejaba toda entera. Era una fuente rústica cubierta de musgo. Tenía un murmullo tímido como de plegaria, y estaba sepultada en el fondo de un claustro circular, formado por arcos de antiquísimos bojes. Yo me incliné sobre la fuente, y como si hablase con la imagen que temblaba en el cristal de agua, murmuré:

—¡Vos, cuando estéis en el convento, no seréis mi amiga...! —María Rosario se apartó vivamente:

—¡Callad...! ¡Callad, os lo suplico...!

Estaba pálida, y juntaba las manos mirándome con sus hermosos ojos angustiados. Me sentí tan conmovido, que solo supe inclinarme en demanda de perdón. Ella gimió:

—Callad, porque de otra suerte no podré deciros... Se llevó las manos a la frente y estuvo así un instante. Yo veía que toda su figura temblaba. De repente, con una fuerza trágica se descubrió el rostro, y clamó enronquecida:

—¡Aquí vuestra vida peligra...! ¡Salid hoy mismo!

Y corrió a reunirse con sus hermanas, que venían por una honda carrera de mirtos, las unas en pos de las otras, hablando y cogiendo flores para el altar de la capilla. Me alejé lentamente. Empezaba a declinar la tarde, y sobre la piedra de armas que coronaba la puerta del jardín, se arrullaban dos palomas que huyeron al acercarme. Tenían adornado el cuello con alegres listones de seda, tal vez anudados un día por aquellas manos místicas y ardientes que solo hicieron el bien sobre la tierra. Matas de viejos aleíes florecían en las grietas del muro, y los lagartos tomaban el Sol sobre las piedras caldeadas, cubiertas de un liquen seco y amarillento. Abrí la cancela y quedé un momento contemplando aquel jardín lleno de verdor umbrío y de reposo señorial. El Sol poniente dejaba un reflejo dorado sobre los cristales de una torre que aparecía cubierta de negros vencejos y en el silencio de la tarde se oía el murmullo de las fuentes y las voces de las cinco hermanas.

Flanqueada la muralla del jardín, llegué a la casuca terreña que tenía la cornamenta de un buey en el tejado. Una vieja hilaba sentada en el quicio de la puerta, y por el camino pasaban rebaños de ovejas levantando nubes de polvo. La vieja al verme llegar, se puso en pie:

—¿Qué deseáis?

Y al mismo tiempo, con un gesto de bruja avarienta, humedecía en los labios decrépitos el dedo pulgar para seguir torciendo el lino. Yo le dije:

—Tengo que hablaros.

A la vista de dos sequines, la vieja sonrió agasajadora:

—¡Pasad...! ¡Pasad...!

Dentro de la casa ya era completamente de noche, y la vieja tuvo que andar a tientas para encender un candil de aceite. Luego de colgarlo en un clavo, volvióse a mí:

—¡Veamos qué desea tan gentil caballero!

Y sonreía mostrando la caverna desdentada de su boca. Yo hice un gesto indicándole que cerrase la puerta, y obedeció solícita, no sin echar antes una mirada al camino por donde un rebaño desfilaba tardo, al son de las esquilas. Después vino a sentarse en un taburete, debajo del candil, y me dijo juntando sobre el regazo las manos que parecían un haz de huesos:

—Por sabido tengo que estás enamorado, y vuestra es la culpa si no sois feliz. Antes hubieseis venido, y antes tendríais el remedio.

Oyéndola hablar de esta suerte comprendí que se hacía pasar por hechicera, y no pude menos de sorprenderme, recordando las misteriosas palabras del capuchino. Quedé un momento silencioso, y la vieja, esperando mi respuesta, no me apartaba los ojos astutos y desconfiados. De pronto le grité:

—Sabed, señora bruja, que tan solo vengo por un anillo que me han robado.

La vieja se incorporó horriblemente demudada:

—¿Qué decís?

—Que vengo por mi anillo.

—¡No lo tengo! ¡Yo no os conozco!

Y quiso correr hacia la puerta para abrirla, pero yo le puse una pistola en el pecho, y retrocedió hasta un rincón dando suspiros. Entonces sin moverme le dije:

—Vengo dispuesto a daros doble dinero del que os han prometido por obrar el maleficio, y lejos de perder, ganaréis entregándome el anillo y cuanto os trajeron con él...

Se levantó del suelo todavía dando suspiros, y vino a sentarse en el taburete debajo del candil, que al oscilar, tan pronto dejaba toda la figura en la sombra, como iluminaba el pergamino del rostro y de las manos. Lagrimeando murmuró:

—Perderé cinco sequines, pero vos me daréis doble cuando sepáis... Porque acabo de reconoceros...

—Decid entonces quién soy.

—Sois un caballero español que sirve en la Guardia Noble del Santo Padre.

—¿No sabéis mi nombre?

—Sí, esperad...

Y quedó un momento con la cabeza inclinada, procurando acordarse. Yo veía temblar sobre sus labios palabras que no podían oírse. De pronto me dijo:

—Sois el Marqués de Bradomín.

Juzgué entonces que debía sacar de la bolsa los diez sequines prometidos y mostrárselos. La vieja entonces lloró enternecida:

—Excelencia, nunca os hubiera hecho morir, pero os hubiera quitado la lozanía...

—Explicadme eso.

—Venid conmigo...

Me hizo pasar tras un cañizo negro y derrengado, que ocultaba el hogar donde ahumaba una lumbre mortecina con olor de azufre. Yo confieso que sentía un vago sobresalto, ante los poderes misteriosos de la bruja, capaces de hacerme perder la lozanía.

La bruja había descolgado el candil: alzábale sobre su cabeza para alumbrarse mejor, y me mostraba el fondo de su vivienda, que hasta entonces, por estar entre sombras, no había podido ver. Al oscilar la luz, yo distinguía claramente sobre paredes negras de humo, lagartos, huesos puestos en cruz, piedras lucientes, clavos y tenazas. La bruja puso el candil en tierra y se agachó revolviendo en la ceniza:

—Ved aquí vuestro anillo.

Y lo limpió cuidadosamente en la falda, antes de dármelo, y quiso ella misma colocarlo en mi mano:

—¿Por qué os trajeron ese anillo?

—Para hacer el sortilegio era necesaria una piedra que llevaseis desde hacía muchos años.

—¿Y cómo me la robaron?

—Estando dormido, Excelencia.

—¿Y vos qué intentabais hacer?

—Ya antes os lo dije... Me mandaban privaros de toda vuestra fuerza viril... Hubierais quedado como un niño acabado de nacer...

—¿Cómo obraríais ese prodigio?

—Vais a verlo.

Siguió revolviendo en la ceniza y descubrió una figura de cera toda desnuda, acostada en el fondo del brasero. Aquel ídolo, esculpido sin duda por el mayordomo, tenía una grotesca semejanza conmigo. Mirándole, yo reía largamente, mientras la bruja rezongaba:

—¡Ahora os burláis! ¡Desgraciado de vos si hubiese bañado esa figura en sangre de mujer, según mi ciencia...! ¡Y más desgraciado cuando la hubiese fundido en las brasas...!

—¿Era todo eso?

—Sí...

—Tened vuestros diez sequines. Ahora abrid la puerta.

La vieja me miró astuta:

—¿Ya os vais, Excelencia? ¿No deséais nada de mí? Si me dais otros diez sequines, yo haré delirar por vuestros amores a la Señora Princesa. ¿No queréis, Excelencia?

Yo repuse secamente:

—No.

La vieja entonces tomó del suelo el candil, y abrió la puerta. Salí al camino, que estaba desierto. Era completamente de noche, y comenzaban a caer gruesas gotas de agua, que me hicieron apresurar el paso. Mientras me alejaba iba pensando en el reverendo capuchino que había tenido tan cabal noticia de todo aquello. Hallé cerrada la cancela del jardín y tuve que hacer un largo rodeo. Daban las nueve en el reloj de la Catedral cuando atravesaba el arco románico que conduce a la plaza donde se alza el Palacio Gaetani. Estaban iluminados los balcones, y de la iglesia de los Dominicos salía entre cirios el Paso de la Cena. Aún recuerdo aquellas procesiones largas, tristes, rumorosas, que desfilaban en medio de grandes chubascos. Había procesiones al rayar el día, y procesiones por la tarde, y procesiones a la medianoche. Las cofradías eran innumerables. Entonces la Semana Santa tenía fama en aquella vieja ciudad pontificia.

La Princesa, durante la tertulia, no me habló ni me miró una sola vez. Yo, temiendo que aquel desdén fuese advertido, decidí retirarme. Con la sonrisa en los labios llegué hasta donde la noble señora hablaba suspirando. Cogí audazmente su mano, y la besé, haciéndole sentir la presión decidida y fuerte de mis labios. Vi palidecer intensamente sus mejillas y brillar el odio en sus ojos, sin embargo, supe inclinarme con galante rendimiento y solicitar su venia para retirarme. Ella repuso fríamente:

—Eres dueño de hacer tu voluntad.

—¡Gracias, Princesa!

Salí del salón en medio de un profundo silencio. Sentíame humillado, y comprendía que acababa de hacerse imposible mi estancia en el Palacio. Pasé la noche en el retiro de la biblioteca, preocupado con este pensamiento, oyendo batir monótonamente el agua en los cristales de las ventanas. Sentíame presa de un afán doloroso y contenido, algo que era insensata impaciencia de mí mismo, y de las horas, y de todo cuanto me rodeaba. Veíame como prisionero en aquella biblioteca oscura, y buscaba entrar en mi verdadera conciencia, para juzgar todo lo acaecido durante aquel día con serena y firme reflexión. Quería resolver, quería decidir, y extraviábase mi pensamiento, y mi voluntad desaparecía, y todo esfuerzo era vano.

¡Fueron horas de tortura indefinible! Ráfagas de una insensata violencia agitaban mi alma. Con el vértigo de los abismos me atraían aquellas asechanzas misteriosas, urdidas contra mí en la sombra perfumada de los grandes salones. Luchaba inútilmente por dominar mi orgullo y convencerme que era más altivo y más gallardo abandonar aquella misma noche, en medio de la tormenta, el Palacio Gaetani. Advertíame preso de una desusada agitación, y al mismo tiempo comprendía que no era dueño de vencerla, y que todas aquellas larvas que entonces empezaban a removerse dentro de mí, habían de ser fatalmente furias y sierpes. Con un presentimiento sombrío, sentía que mi mal era incurable y que mi voluntad era impotente para vencer la tentación de hacer alguna cosa audaz, irreparable. ¡Era aquello el vértigo de la perdición...!

A pesar de la lluvia, abrí la ventana. Necesitaba respirar el aire fresco de la noche. El cielo estaba negro. Una ráfaga aborrascada pasó sobre mi cabeza: Algunos pájaros sin nido habían buscado albergue bajo el alero, y con estremecimientos llenos de frío sacudían el plumaje mojado, piando tristemente. En la plaza resonaba la canturia de una procesión lejana. La iglesia del convento tenía las puertas abiertas, y en el fondo brillaba el altar iluminado. Oíase la voz senil de una carraca. Las devotas salían de la iglesia y se cobijaban bajo el arco de la plaza para ver llegar la procesión. Entre dos hileras de cirios bamboleaban las andas, allá en el confín de una calle estrecha y alta. En la plaza esperaban muchos curiosos cantando una oración rimada. La lluvia redoblando en los paraguas, y el chapoteo de los pies en las charcas contrastaban con la nota tibia y sensual de las enaguas blancas que asomaban bordeando los vestidos negros, como espumas que bordean sombrío oleaje de tempestad. Las dos señoras de los negros y crujientes vestidos de seda, salieron de la iglesia, y pisando en la punta de los pies, atravesaron corriendo la plaza, para ver la procesión desde las ventanas del Palacio. Una ráfaga agitaba sus mantos.

Caían gruesas gotas de agua que dejaban un lamparón oscuro en las losas de la plaza. Yo tenía las mejillas mojadas, y sentía como una vaga efusión de lágrimas. De pronto se iluminaron los balcones, y las Princesas, con otras damas, asomaron en ellos. Cuando la procesión llegaba bajo el arco, llovía a torrentes. Yo la vi desfilar desde el balcón de la biblioteca, sintiendo a cada instante en la cara el salpicar de la lluvia arremolinada por el viento. Pasaron primero los Hermanos del Calvario, silenciosos y encapuchados. Después los Hermanos de la Pasión, con hopas amarillas y cirios en las manos. Luego seguían los pasos: Jesús en el Huerto de las Olivas, Jesús ante Pilatos, Jesús ante Herodes, Jesús atado a la columna. Bajo aquella lluvia fría y cenicienta tenían una austeridad triste y desolada. El último en aparecer fue el Paso de las Caídas.

Sin cuidarse del agua, las damas se arrastraron de rodillas hasta la balaustrada del balcón. Oyóse la voz trémula del mayordomo:

—¡Ya llega! ¡Ya llega!

Llegaba, sí, pero cuán diferente de como lo habíamos visto la primera vez en una sala del Palacio. Los cuatro judíos habían depuesto su fiereza, bajo la lluvia. Sus cabezas de cartón se despintaban. Ablandábanse los cuerpos y flaqueaban las piernas como si fuesen a hincarse de rodillas. Parecían arrepentidos. Las dos hermanas de los rancios vestidos de gro, viendo en ello un milagro, repetían llenas de unción:

—¡Edificante, Antonina!

—¡Edificante, Lorencina!

La lluvia caía sin tregua como un castigo, y desde un balcón frontero llegaban, con vaguedad de poesía y de misterio, los arrullos de dos tórtolas que cuidaba una vieja enlutada y consumida que rezaba entre dos cirios encendidos en altos candeleros, tras los cristales. Busqué con los ojos al Señor Polonio: Había desaparecido.

Poco después, apesadumbrado y dolorido, meditaba en mi cámara cuando una mano batió con los artejos en la puerta y la voz cascada del mayordomo vino a sacarme un momento del penoso cavilar:

—Excelencia, este pliego de Roma.

—¿Quién lo ha traído?

—Un correo que acaba de llegar.

Abrí el pliego y pasé por él una mirada. Monseñor Sassoferrato me ordenaba presentarme en Roma. Sin acabar de leerlo me volví al mayordomo, mostrando un profundo desdén:

—Señor Polonio, que dispongan mi silla de posta. El mayordomo preguntó hipócritamente:

—¿Vais a partir, Excelencia?

—Antes de una hora.

—¿Lo sabe mi señora la Princesa?

—Vos cuidaréis de decírselo.

—¡Muy honrado, Excelencia! Ya sabéis que el postillón está enfermo... Habrá que buscar otro. Si me autorizáis para ello yo me encargo de hallar uno que os deje contento.

La voz del viejo y su mirada esquiva, despertaron en mi alma una sospecha. Juzgué que era temerario confiarse a tal hombre, y le dije:

—Yo veré a mi postillón.

Me hizo una profunda reverencia, y quiso retirarse, pero lo detuve:

—Escuchad, Señor Polonio.

—Mandad, Excelencia.

Y cada vez se inclinaba con mayor respeto. Yo le clavé los ojos, mirándole en silencio: Me pareció que no podía dominar su inquietud. Adelantando un paso le dije:

—Como recuerdo de mi visita, quiero que conservéis esta piedra.

Y sonriendo me saqué de la mano aquel anillo, que tenía en una amatista grabadas mis armas. El mayordomo me miró con ojos extraviados:

—¡Perdonad!

Y sus manos agitadas rechazaban el anillo. Yo insistí:

—Tomadlo.

Inclinó la cabeza y lo recibió temblando. Con un gesto imperioso le señalé la puerta:

—Ahora, salid.

El mayordomo llegó al umbral, y murmuró resuelto y acobardado:

—Guardad vuestro anillo.

Con insolencia de criado lo arrojó sobre una mesa. Yo le miré amenazador:

—Presumo que vais a salir por la ventana, Señor Polonio.

Retrocedió, gritando con energía:

—¡Conozco vuestro pensamiento! No basta a vuestra venganza el maleficio con que habéis deshecho aquellos judíos, obra de mis manos, y con ese anillo queréis embrujarme. ¡Yo haré que os delaten al Santo Oficio!

Y huyó de mi presencia haciendo la señal de la cruz como si huyese del Diablo. No pude menos de reírme largamente. Llamé a Musarelo, y le ordené que se enterase del mal que aquejaba al postillón. Pero Musarelo había bebido tanto, que no estaba capaz para cumplir mi mandato. Solo pude averiguar que el postillón y Musarelo habían cenado con el Señor Polonio.

Qué triste es para mí el recuerdo de aquel día. María Rosario estaba en el fondo de un salón llenando de rosas los floreros de la capilla. Cuando yo entré, quedóse un momento indecisa: Sus ojos miraron medrosos hacia la puerta, y luego se volvieron a mí con un ruego tímido y ardiente. Llenaba en aquel momento el último florero, y sobre sus manos deshojóse una rosa. Yo entonces le dije, sonriendo:

—¡Hasta las rosas se mueren por besar vuestras manos!

Ella también sonrió contemplando las hojas que había entre sus dedos, y después con leve soplo las hizo volar. Quedamos silenciosos: Era la caída de la tarde y el Sol doraba una ventana con sus últimos reflejos: Los cipreses del jardín levantaban sus cimas pensativas en el azul del crepúsculo al pie de la vidriera iluminada. Dentro, apenas si se distinguía la forma de las cosas, y en el recogimiento del salón las rosas esparcían un perfume tenue y las palabras morían lentamente igual que la tarde. Mis ojos buscaban los ojos de María Rosario con el empeño de aprisionarlos en la sombra. Ella suspiró angustiada como si el aire le faltase, y apartándose el cabello de la frente con ambas manos, huyó hacia la ventana. Yo, temeroso de asustarla, no intenté seguirla y solo le dije después de un largo silencio:

—No me daréis una rosa.

Volvióse lentamente y repuso con voz tenue:

—Si la queréis...

Dudó un instante, y de nuevo se acercó. Procuraba mostrarse serena, pero yo veía temblar sus manos sobre los floreros, al elegir la rosa. Con una sonrisa llena de angustia me dijo:

—Os daré la mejor.

Ella seguía buscando en los floreros. Yo suspiré romántico:

—La mejor está en vuestros labios.

Me miró apartándose pálida y angustiada:

—No sois bueno... ¿Por qué me decís esas cosas?

—Por veros enojada.

—¿Y eso os agrada? ¡Algunas veces me parecéis el Demonio...!

—El Demonio no sabe querer.

Quedóse silenciosa. Apenas podía distinguirse su rostro en la tenue claridad del salón, y solo supe que lloraba cuando estallaron sus sollozos. Me acerqué queriendo consolarla:

—¡Oh...! Perdonadme.

Y mi voz fue tierna, apasionada y sumisa. Yo mismo, al oírla, sentí un extraño poder de seducción. Era llegado el momento supremo, y presintiéndolo, mi corazón se estremecía con el ansia de la espera cuando está próxima una gran ventura. María Rosario cerraba los ojos con espanto, como al borde de un abismo. Su boca descolorida parecía sentir una voluptuosidad angustiosa. Yo cogí sus manos que estaban yertas: Ella me las abandonó sollozando, con un frenesí doloroso:

—¿Por qué os gozáis en hacerme sufrir...? ¡Si sabéis que todo es imposible!

—¡Imposible...! Yo nunca esperé conseguir vuestro amor... ¡ya sé que no lo merezco...! Solamente quiero pediros perdón y oír de vuestros labios que rezaréis por mí cuando esté lejos.

—¡Callad...! ¡Callad...!

—Os contemplo tan alta, tan lejos de mí, tan ideal, que juzgo vuestras oraciones como las de una santa.

—¡Callad...! ¡Callad...!

—Mi corazón agoniza sin esperanza. Acaso podré olvidaros, pero este amor habrá sido para mí como un fuego purificador.

—¡Callad...! ¡Callad...!

Yo tenía lágrimas en los ojos, y sabía que cuando se llora, las manos pueden arriesgarse a ser audaces. ¡Pobre María Rosario, quedóse pálida como una muerta, y pensé que iba a desmayarse en mis brazos! Aquella niña era una santa, y viéndome a tal extremo desgraciado, no tenía valor para mostrarse más cruel conmigo. Cerraba los ojos, y gemía agoniada:

—¡Dejadme...! ¡Dejadme...!

Yo murmuré:

—¿Por qué me aborrecéis tanto?

—¡Porque sois el Demonio!

Me miró despavorida, como si al sonido de mi voz se despertase, y arrancándose de mis brazos huyó hacia la ventana que doraban todavía los últimos rayos del Sol. Apoyó la frente en los cristales y comenzó a sollozar. En el jardín se levantaba el canto de un ruiseñor, que evocaba, en la sombra azul de la tarde, un recuerdo ingenuo de santidad.

María Rosario llamó a la más niña de sus hermanas, que, con una muñeca en brazos, acababa de asomar en la puerta del salón. La llamaba con un afán angustioso y poderoso que encendía el candor de su carne con divinas rosas:

—¡Entra...! ¡Entra...!

La llamaba tendiéndole los brazos desde el fondo de la ventana.

La niña, sin moverse, le mostró la muñeca.

—Me la hizo Polonio.

—Ven a enseñármela.

—¿No la ves así?

—No, no la veo.

María Nieves acabó por decidirse, y entró corriendo: Los cabellos flotaban sobre su espalda como una nube de oro. Era llena de gentileza, con movimientos de pájaro, alegres y ligeros: María Rosario, viéndola llegar, sonreía, cubierto el rostro de rubor y sin secar las lágrimas. Inclinóse para besarla, y la niña se le colgó al cuello, hablándole con agasajo al oído:

—¡Si le hicieses un vestido a mi muñeca...!

—¿Cómo lo quieres...?

María Rosario le acariciaba los cabellos, reteniéndola a su lado. Yo veía cómo sus dedos trémulos desaparecían bajo la infantil y olorosa crencha. En voz baja le dije:

—¿Qué temíais de mí?

Sus mejillas llamearon:

—Nada...

Y aquellos ojos como no he visto otros hasta ahora, ni los espero ver ya, tuvieron para mí una mirada tímida y amante. Callábamos conmovidos, y la niña empezó a referirnos la historia de su muñeca: Se llamaba Yolanda, y era una reina. Cuando le hiciesen aquel vestido de tisú, le pondrían también una corona. María Nieves hablaba sin descanso: Sonaba su voz con murmullo alegre, continuo, como el borboteo de una fuente. Recordaba cuántas muñecas había tenido, y quería contar la historia de todas: Unas habían sido reinas, otras pastoras. Eran largas historias confusas, donde se repetían continuamente las mismas cosas. La niña extraviábase en aquellos relatos como en el jardín encantado del ogro las tres niñas hermanas, Andara, Magalona y Aladina... De pronto huyó de nuestro lado. María Rosario la llamó sobresaltada:

—¡Ven...! ¡No te vayas!

—No me voy.

Corría por el salón y la cabellera de oro le revoloteaba sobre los hombros. Como cautivos, la seguían a todas partes los ojos de María Rosario: Volvió a suplicarle:

—¡No te vayas...!

—Si no me voy.

La niña hablaba desde el fondo oscuro del salón. María Rosario, aprovechando el instante, murmuró con apagado acento:

—Marqués, salid de Ligura...

—¡Sería renunciar a veros!

—¿Y acaso no es hoy la última vez? Mañana entraré en el convento. ¡Marqués, oíd mi ruego!

—Quiero sufrir aquí... Quiero que mis ojos, que no lloran nunca, lloren cuando os vistan el hábito, cuando os corten los cabellos, cuando las rejas se cierren ante vos. ¡Quién sabe, si al veros sagrada por los votos, mi amor terreno no se convertirá en una devoción! ¡Vos sois una santa...!

—¡Marqués, no digáis impiedades!

Y me clavó los ojos tristes, suplicantes, guarnecidos de lágrimas como de oraciones purísimas. Entonces ya parecía olvidada de la niña que, sentada en un canapé, adormecía a su muñeca con viejas tonadillas del tiempo de las abuelas. En la sombra de aquel vasto salón donde las rosas esparcían su aroma, la canción de la niña tenía el encanto de esas rancias galanterías que parece se hayan desvanecido con los últimos sones de un minué.

Como una flor de sensitiva, María Rosario temblaba bajo mis ojos. Yo adivinaba en sus labios el anhelo y el temor de hablarme. De pronto me miró ansiosa, parpadeando como si saliese de un sueño. Con los brazos tendidos hacia mí, murmuró arrebatada, casi violenta:

—Salid hoy mismo para Roma. Os amenaza un peligro y tenéis que defenderos. Habéis sido delatado al Santo Oficio.

Yo repetí, sin ocultar mi sorpresa:

—¿Delatado al Santo Oficio?

—Sí, por brujo... Vos habíais perdido un anillo, y por arte diabólica lo recobrasteis... ¡Eso dicen, Marqués!

Yo exclamé con ironía:

—¿Y quien lo dice es vuestra madre?

—¡No...!

Sonreí tristemente.

—¡Vuestra madre, que me aborrece porque vos me amáis...!

—¡Jamás...! ¡Jamás...!

—¡Pobre niña, vuestro corazón tiembla por mí, presiente los peligros que me cercan, y quiere prevenirlos!

—¡Callad, por compasión...! ¡No acuséis a mi madre...!

—¿Acaso ella no llevó su crueldad hasta acusaros a vos misma? ¿Acaso creyó vuestras palabras cuando le jurabais que no me habíais visto una noche?

—¡Sí, las creyó!

María Rosario había dejado de temblar. Erguíase inmaculada y heroica, como las santas ante las fieras del Circo. Yo insistí, con triste acento, gustando el placer doloroso y supremo del verdugo:

—No, no fuisteis creída. Vos lo sabéis. ¡Y cuántas lágrimas han vertido en la oscuridad vuestros ojos!

María Rosario retrocedió hasta el fondo de la ventana:

—¡Sois brujo...! ¡Han dicho la verdad...! ¡Sois brujo...! —luego, rehaciéndose, quiso huir, pero yo la detuve:

—Escuchadme.

Ella me miraba con los ojos extraviados, haciendo la señal de la cruz:

—¡Sois brujo...! ¡Por favor, dejadme!

Yo murmuré con desesperación:

—¿También vos me acusáis?

—Decid entonces, ¿cómo habéis sabido...? —la miré largo rato en silencio, hasta que sentí descender sobre mi espíritu el numen sagrado de los profetas:

—Lo he sabido, porque habéis rezado mucho para que lo supiese... ¡He tenido en un sueño revelación de todo...!

María Rosario respiraba anhelante. Otra vez quiso huir, y otra vez la detuve. Desfallecida y resignada, miró hacia el fondo del salón, llamando a la niña:

—¡Ven, hermana...! ¡Ven!

Y le tendía los brazos: La niña acudió corriendo: María Rosario la estrechó contra su pecho alzándola del suelo, pero estaba tan desfallecida de fuerzas, que apenas podía sostenerla, y suspirando con fatiga tuvo que sentarla sobre el alféizar de la ventana. Los rayos del Sol poniente circundaron como una aureola la cabeza infantil: La crencha sedeña y olorosa fue como onda de luz sobre los hombros de la niña. Yo busqué en la sombra la mano de María Rosario.

—¡Curadme...!

Ella murmuró retirándose:

—¿Y cómo...?

—Jurad que me aborrecéis.

—Eso no...

—¿Y amarme?

—Tampoco. ¡Mi amor no es de este mundo! —su voz era tan triste al pronunciar estas palabras, que yo sentí una emoción voluptuosa como si cayese sobre mi corazón rocío de lágrimas purísimas.

Inclinándome para beber su aliento y su perfume, murmuré en voz baja y apasionada:

—Vos me pertenecéis. Hasta la celda del convento os seguirá mi culto mundano. Solamente por vivir en vuestro recuerdo y, en vuestras oraciones, moriría gustoso.

—¡Callad...! ¡Callad...!

María Rosario, con el rostro intensamente pálido, tendía sus manos temblorosas hacia la niña, que estaba sobre el alféizar, circundada por el último resplandor de la tarde, como un arcángel en una vidriera antigua. El recuerdo de aquel momento aún pone en mis mejillas su frío de muerte. Ante nuestros ojos espantados se abrió la ventana, con ese silencio de las cosas inexorables que están determinadas en lo invisible y han de suceder por un destino fatal y cruel. La figura de la niña, inmóvil sobre el alféizar, se destacó un momento en el azul del cielo donde palidecían las estrellas, y cayó al jardín, cuando llegaban a tocarla los brazos de la hermana.

¡Fue Satanás! ¡Fue Satanás...!

Aún resuena en mi oído aquel grito angustiado de María Rosario: Después de tantos años aún la veo pálida, divina y trágica como el mármol de una estatua antigua: Aún siento el horror de aquella hora:

—¡Fue Satanás...! ¡Fue Satanás...!

La niña estaba inerte sobre el borde de la escalinata. El rostro aparecía entre el velo de los cabellos blanco como un lirio, y de la rota sien manaba el hilo de sangre que los iba empapando. La hermana, como una poseída, gritaba:

—¡Fue Satanás...! ¡Fue Satanás...!

Levanté a la niña en brazos y sus ojos se abrieron un momento llenos de tristeza. La cabeza ensangrentada y mortal rodó yerta sobre mi hombro, y los ojos se cerraron de nuevo lentos como dos agonías. Los gritos de la hermana resonaban en el silencio del jardín:

—¡Fue Satanás...! ¡Fue Satanás...!

La cabellera de oro, aquella cabellera fluida como la luz, olorosa como un huerto, estaba negra de sangre. Yo la sentí pesar sobre mi hombro semejante a la fatalidad en un destino trágico. Con la niña en brazos subí la escalinata. En lo alto salió a mi encuentro el coro angustiado de las hermanas. Yo escuché su llanto y sus gritos, yo sentí la muda interrogación de aquellos rostros pálidos que tenían el espanto en los ojos. Los brazos se tendían hacia mí desesperados, y ellos recogieron el cuerpo de la hermana, y lo llevaron hacia el Palacio. Yo quedé inmóvil, sin valor para ir detrás, contemplando la sangre que tenía en las manos. Desde el fondo de las estancias llegaba hasta mí el lloro de las hermanas y los gritos ya roncos de aquella que clamaba enloquecida:

—¡Fue Satanás...! ¡Fue Satanás...!

Sentí miedo. Bajé a las caballerías y con ayuda de un criado enganché los caballos a la silla de posta. Partí al galope. Al desaparecer bajo el arco de la plaza, volví los ojos llenos de lágrimas para enviarle un adiós al Palacio Gaetani. En la ventana, siempre abierta, me pareció distinguir una sombra trágica y desolada. ¡Pobre sombra envejecida, arrugada, miedosa que vaga todavía por aquellas estancias, y todavía cree verme acechándola en la oscuridad! Me contaron que ahora, al cabo de tantos años, ya repite sin pasión sin duelo, con la monotonía de una vieja que reza: ¡Fue Satanás!

Libros a la carta

A la carta es un servicio especializado para
empresas,
librerías,
bibliotecas,
editoriales
y centros de enseñanza;

y permite confeccionar libros que, por su formato y concepción, sirven a los propósitos más específicos de estas instituciones.

Las empresas nos encargan ediciones personalizadas para marketing editorial o para regalos institucionales. Y los interesados solicitan, a título personal, ediciones antiguas, o no disponibles en el mercado; y las acompañan con notas y comentarios críticos.

Las ediciones tienen como apoyo un libro de estilo con todo tipo de referencias sobre los criterios de tratamiento tipográfico aplicados a nuestros libros que puede ser consultado en Linkgua-ediciones.com.

Linkgua edita por encargo diferentes versiones de una misma obra con distintos tratamientos ortotipográficos (actualizaciones de carácter divulgativo de un clásico, o versiones estrictamente fieles a la edición original de referencia).

Este servicio de ediciones a la carta le permitirá, si usted se dedica a la enseñanza, tener una forma de hacer pública su interpretación de un texto y, sobre una versión digitalizada «base», usted podrá introducir interpretaciones del texto fuente. Es un tópico que los profesores denuncien en clase los desmanes de una edición, o vayan comentando errores de interpretación de un texto y esta es una solución útil a esa necesidad del mundo académico.

Asimismo publicamos de manera sistemática, en un mismo catálogo, tesis doctorales y actas de congresos académicos, que son distribuidas a través de nuestra Web.

El servicio de «libros a la carta» funciona de dos formas.

1. Tenemos un fondo de libros digitalizados que usted puede personalizar en tiradas de al menos cinco ejemplares. Estas personalizaciones pueden ser de todo tipo: añadir notas de clase para uso de un grupo de estudiantes, introducir logos corporativos para uso con fines de marketing empresarial, etc. etc.

2. Buscamos libros descatalogados de otras editoriales y los reeditamos en tiradas cortas a petición de un cliente.

Printed in Poland
by Amazon Fulfillment
Poland Sp. z o.o., Wrocław
18 June 2026

f8b6e3d6-38a2-4838-b3dd-09631dab1fc0R01